TRÉSOR GÉNÉALOGIQUE

DE

LA PICARDIE

OU

RECUEIL DE DOCUMENTS INÉDITS

SUR

LA NOBLESSE DE CETTE PROVINCE,

PAR

UN GENTILHOMME PICARD

TOME DEUXIÈME.

MONTRES ET QUITTANCES.

AMIENS,

Imprimerie de Ve HERMENT, place Perigord, 3.

1860.

TRÉSOR GÉNÉALOGIQUE

DE

LA PICARDIE.

TRÉSOR GÉNÉALOGIQUE

DE

LA PICARDIE

OU

RECUEIL DE DOCUMENTS INÉDITS

SUR

LA NOBLESSE DE CETTE PROVINCE,

PAR

UN GENTILHOMME PICARD

TOME DEUXIÈME.

MONTRES ET QUITTANCES.

AMIENS,

Imprimerie de Vᵉ HERMENT, place Périgord, 3.

—

1860.

AVANT-PROPOS.

IERRE DE CLAIRAMBAULT, Généalogiste des Ordres du Roi, mort en 1740, passa la plus grande partie de sa vie à recueillir partout des documents originaux sur toutes les familles nobles de la France. Il méditait alors un vaste travail qu'il n'a qu'ébauché et que la mort vint interrompre. Ses manuscrits et sa collection furent brûlés en partie pendant la révolution; ce que l'on put en sauver constitue la partie la plus importante du Cabinet des Titres, à la Bibliothèque impériale. Bien qu'amoindri de moitié, dit-on, le *Fonds Clairambault* offre encore un vaste champ aux études des généalogistes et aux familles qui veulent savoir leur passé. Les Titres scellés, seuls, comprennent plus de 200 volumes in-f°. Ils sont composés exclusivement de quittances scellées et de montres d'hommes d'armes. Il n'est donc que bien peu d'anciennes maisons qui n'y soient représentées, bien peu de gentilshommes « de nom et d'armes » qui n'y retrouvent un sceau curieux, une glorieuse mention.

Les Titres scellés peuvent se diviser en deux parties bien distinctes. La première qui va du volume 1er au volume 115, embrasse les xiiie, xive et xve siècles. Elle nous offre des quittances et des montres écrites sur de longues et étroites bandes de parchemin scellées de sceaux pendants, bien conservés pour la plupart, quelques bulles d'évêques et d'abbés avec leurs sceaux ovales si richement fouillés, enfin plusieurs précieux autographes. Un volume entier est consacré à la maison de Bourbon. Le tome 116 contient un mélange de pièces de toutes les époques, sans aucun intérêt. Le tome 117 est exclusivement composé des titres de la famille de la Grange-Montigny et des familles qui lui furent alliées.

La seconde partie commence au volume 118. On n'y rencontre que des montres de la deuxième moitié du xvie siècle, alors que les compagnies d'hommes d'armes des ordonnances étaient régulièrement organisées et qu'elles se recrutaient de moins en moins parmi la noblesse. Les noms picards y sont en faible minorité : cependant, après mur examen, j'ai résolu d'en faire le second volume de cette série et le troisième de mon Trésor généalogique de la Picardie, en le complétant par les montres du *Fond Gaignères* qui sont de la même époque et dans les mêmes conditions.

Le recueil que je publie aujourd'hui a été puisé dans la première partie des Titres scellés de Clairambault, la plus ancienne, puisqu'elle ne dépasse pas l'an 1500, et la plus curieuse, puisqu'elle donne un état détaillé et aussi complet que possible des gentilshommes picards qui prirent part aux longues et sanglantes luttes entre la France et l'Angleterre. Compulsés par un très-petit nombre de familles, les Titres scellés sont inconnus à beaucoup d'autres qu'ils intéressent également. Les recherches y sont difficiles et entraînent avec elles des frais de copie souvent considérables. Je crois donc rendre un véritable service à la noblesse picarde en publiant les Quittances et Montres dans mon Trésor Généalogique, et en les publiant de la manière la plus authentique, puisque les extraits sont accompagnés d'indications qui permettent de les vérifier sur les originaux.

Il était inutile de donner les pièces *in extenso*. Qui connaît une quittance du xive ou du xve siècle les connaît toutes. Elles diffèrent seulement par leur objet,

les noms et les sommes qui y sont énoncées. Il suffi-
sait donc de reproduire les traits les plus saillants de
chacune : c'est à quoi je me suis attaché.

Le cabinet des Titres de la Bibliothèque Impériale
possède encore une série de montres, acquises succes-
sivement depuis quelques années, qui sont renfermées
dans trente cartons ou environ. A peu près nulle pour
le xiv.ᵉ, cette collection est assez riche pour le xvᵉ
siècle. Le contenu des cartons est à peine classé par
ordre chronologique, de sorte que pour retrouver une
pièce il faut les feuilleter toutes. J'en ai retiré le peu
qui concernait la Picardie, pour le fondre dans les
Titres de Clairambault auxquels j'ai encore ajouté, en
appendice, quelques pièces choisies dans ma collection.

Il eût été trop long de joindre aux quittances les des-
sins de leurs sceaux. Leur reproduction eût d'ailleurs
rencontré de graves difficultés. J'ai pensé qu'une des-
cription soigneuse et détaillée suffirait, en permettant
aux personnes qui voudraient conserver les sceaux de
leurs familles, de choisir sur mes descriptions celui ou
ceux qui leur paraîtraient les plus dignes d'intérêt, et
de savoir exactement, par le même moyen, à quel en-
droit elles les trouveront.

Les sceaux, tous ronds, sont pour la plupart en
cire rouge. L'écu qui les charge a toujours la forme

des boucliers du moyen-âge, large du haut et finissant graduellement en pointe très-prononcée. Il est seul ou accompagné. Lorsqu'il est seul, et cité comme tel dans mes descriptions, l'écu est placé debout, la pointe en bas, et il est immédiatement entouré de la légende qui court entre deux filets parallèles. Lorsqu'au contraire il est accompagné du heaume, avec ou sans supports, il est plus ou moins couché, toujours dans le même sens, la pointe à la droite du spectateur, tandis que le heaume se dresse alors sur le coin le plus élevé. Telle est la règle générale. Les autres ornements de l'écu, tels que légende, supports, lambrequins ou mantelets, étaient placés arbitrairement, selon le goût du gentilhomme ou du graveur.

J'ai cru cette courte explication nécessaire pour faciliter l'intelligence de mes descriptions aux personnes qui ne sont pas versées dans la science de la sigillographie.

UN GENTILHOMME PICARD.

A.

ABBEVILLE.

1. — La monstre de Mgr Loys d'ABBEVILLE, S^{gr} de Bouberch, chīr baneret, ung autre chīr bachlr, six
escuiers et iiii homes de trait de sa comp. receuz à
Abbeville, le p̃mier jour de décembre M. CCCC XVI.

Led. mons. de Bouberch, baneret.	Robert des Osteux.
	Jehan de Pinchefalize.
Mess. de Valanglart, bachlr.	ARCHIERS.
Lermite de Valanglart.	Simonet le Roy.
Jehan Liefflart.	Hanotin Ansquier.
Regnaut de Hodenc.	Jaquot Beuselin.
Raoulin de Brimeu.	Mottin Calicque.

2. — Quittance de Loys d'ABBEVILE, S^{gr} de Bouberch,
à Colart de Beaurains, receveur en Ponthieu, de 50
livres tournois. — Abbeville, 1er décembre 1416 [1].

(Sceau en cire rouge, dont il ne reste plus
que des fragments informes.)

[1] Clairambault, vol 1.

AIGNEVILLE.

3. — Guillaume d'AIGNEVILLE, écuyer, donne quittance à Etienne Bitque, trésorier des guerres, de 30 francs d'or, pour ses gages et ceux de 3 écuyers servant avec lui sous le connétable. — Rouen, 5 août 1349.

> (Sceau en cire rouge, représentant un écu seul qui porte écartelé, au 1er et 4me un orle, au 2me et 3me une croix ancrée. Légende effacée.)

4. — Quittance du même au même, de la même somme, et en tout pareille à la précédente. — Hesdin, 19 août 1349 (1).

> (Même sceau, cire rouge. Légende effacée.)

AILLY.

5. — Jéhan d'AILLY, écuyer. (Montre de Jacques de Roucy, écuyer, 8 août 1380.) (2)

6. — Heuvrain d'AILLY, écuyer. (Montre de Jehan de Ve, chevalier, 1er août 1380.) (3)

7. — Henriet d'AILLY, écuyer. (Montre de Henry de Grochet, écuyer. — 3 janvier 1392) (4).

8. — Quittance de Ringois d'AILLY, Vidame d'Amiens, chevalier, à Jehan de Pressy, trésorier des guerres, de 312 livres tournois pour les gages de lui ban-

(1) Clairambault, vol. 3.
(2) Idem, vol. 99.
(3) Idem, vol. 110.
(4) Idem, vol 43

neret, un autre banneret, 2 chevaliers bacheliers, 42 écuyers et 34 archers de sa compagnie servant aux guerres du Roi, sous le duc de Bourgogne. — 6 juin 1412 [1].

> (Sceau en cire rouge, chargé d'un écu au chef échiqueté de 3 traits, surmonté d'un heaume qui a pour cimier un buste d'homme vu de face ; supports, deux lions. Légende illisible.)

AIRAINES.

9. — Messire Herment d'AIRAINES, chevalier: (Montre de Perceval d'Esneval, chevalier, du 1er octobre 1387) [2].

10. — Quittance donnée par Lionel d'AIRAINES, chevalier, à Jehan le Flament, trésorier des guerres, de 72 livres tournois pour lui, 2 chevaliers et 8 écuyers de sa compagnie, servant aux guerres de Picardie sous Mons. de Sempi, capitaine général dudit pays. — 1er février 1390.

> (Sceau en cire rouge, tout à fait brisé. Le heaume seul est intact.)

11. — La reveue de Lionel d'ARAINES, chr̄lr, deux aũt. chr̄rs et quat. esc̄rs de sa comp. receuz le pm̄ier jour d'octobre M. CCC. IIII xx X.

Led. mess. Lioneau.	Wille Dambat.
Mess. Gilles, seigneur de Savignier.	Raimbaut du Bos.
	Arnoul de Bours.
Mess. Gacelin du Bec.	Bynet de la Mote.

(1) Clairambault, vol. 6.
(2) Idem, vol. 52

12. — Quittance du même au même, de 70 livres tournois, pour le même nombre d'hommes d'armes. — 28 décembre 1390.

> (Sceau en cire rouge, portant un écu chargé de 3 fasces, surmonté d'un heaume dont le cimier est brisé. Pas de supports. Légende : « *Lion... . Dar...* »)

13. — Le même donne quittance à Guillaume Denfernet, trésorier des guerres, de 225 livres tournois, pour lui bachelier, 1 chevalier bachelier et 6 écuyers de sa compagnie, servant en Flandres à la garde dudit pays, sous Mons. de Sempi. — Gravelines, 2 juillet 1396 [1].

> (Même sceau que dessus, en cire rouge.)

14. — Simon d'Arennes, écuyer. (Montre de Raoul de Gaucourt, chevalier. — 14 août 1395.) [2]

AMERVAL.

15. — Adrien d'AMERVAL, S^{gr} dudit lieu, maréchal des logis de la compagnie de 40 lances fournies des ordonnances du Roi, sous la charge de M. de Villebon, confesse avoir reçu 36 livres 10 sols tournois pour son dit office. — 29 avril 1582 [3].

Signé : DAMERVAL.

> (Sceau recouvert de papier. L'écu est effacé. Il est surmonté d'un casque qui a pour cimier une queue de paon. Supports, deux chiens. Légende, entourant l'écu : « *Je seray tant que vivray.* »)

(1) Clairambault, vol. 4.
(2) Idem, vol. 52.
(3) Idem, vol. 4.

AMIENS.

16. — Renaud d'AMIENS, chevalier, a reçu de Guillaume de Milly et Jouffroy Coquatrix ses gages et ceux de quatre écuyers, pour le service qu'ils ont fait en Flandres. — Arras, 17 septembre 1302.

> (Sceau en cire brune, sur lequel est un écusson seul qui porte 3 chevrons de vair. Légende effacée.)

17. — Pierre d'AMIENS, seigneur de Regnauville, chevalier, a reçu de Jehan de Pressy, trésorier des guerres, 330 livres tournois pour ses gages, ceux d'un chevalier bachelier, 8 écuyers et 8 archers de sa compagnie, servant partout où il plaira au Roi de les - envoyer, et faisant partie d'un corps de 2,000 hommes d'armes et 1,000 hommes de trait aux ordres du duc de Bourgogne. — 5 mai 1412.

> (Sceau en cire rouge : écu à 3 chevrons de vair, surmonté d'un heaume et supporté par deux chiens debout. La légende et le cimier ont disparu.)

18. — Quittance du même au même de 615 livres tournois pour lui, 1 chevalier bachelier, 7 écuyers et 4 archers de sa compagnie, servant, etc.... (comme ci-dessus). — 12 mai 1412.

> (Même sceau que ci-dessus ; cire rouge.)

19. — Jehan d'AMIENS, capitaine de 24 arbalétriers étant en la ville du Crotoy, déclare avoir reçu par les mains de Colart de Beaurains, receveur en Ponthieu, par les mains de messire Jacques d'Harcourt, capi-

taine des ville et château du Crotoy, 815 livres tournois pour lui et ses arbalétriers.— 21 février 1416 [1].

(Sceau en cire rouge, portant seulement un écu
à 3 chevrons, entouré de cette légende:
« S. Jehan d'Amiens »)

ANGLEBELMER.

20. — Jehan d'ANGLEBROMER, dit Ronchis, écuyer, lieutenant de Hue de Raincheval, capitaine du Crotoy,
confesse avoir reçu de Pierre Le Sene, receveur
d'Amiens et de Ponthieu, au nom dudit Raincheval,
le tiers de 120 livres que celui-ci prend annuellement sur la recette du Ponthieu, pour son office de
huissier d'armes du Roi. — 25 décembre 1369 [2].

(Le sceau manque.)

AOUST.

21. — La monstre de Gueullart d'AOUSTE, escr. et ung
aut. escr. receuz à Corbeel en accroiss. des gens de
la comp. d'Arnoul de Lesquielle, le pmier jour de
septembre M. CCC IIIˣˣ [3].

  Led. Gueullart.

  Regnaudin d'Aoustes.

22. — Regnaut d'AOUST, écuyer. (Montre d'Édouard, Cᵗᵉ
de Grandpré, banneret; du 3 août 1385) [4].

(1) Clairambault, vol. 4.
(2) Idem, vol. 5
(3) Idem, vol. 5.
(4) Idem, vol 55

ARGIES.

23. — Quittance d'Hanris, sire d'Argies, à messire Jehan de Conflans, chevalier, sire de Dampierre et maréchal de Champagne, de 22 livres tournois pour lui et 4 écuyers de sa compagnie. — St.-Quentin, 13 octobre 1312 [1].

(Sceau écrasé.)

24. — Mons. le Borgne d'Argies, chevalier. (Montre de Jehan de Nesle, seigneur d'Offémont, du 10 août 1380) [2].

25. — Messire Pierre d'Argies, chevalier. (Montre d'Édouard, Cte de Grandpré, banneret, du 3 août 1385) [3].

26. — Quittance de Jehan d'Argies, chevalier, à Marc Héron, trésorier des guerres, de 82 livres 10 sols tournois, pour ses gages et ceux de 9 écuyers servant dans le pays de Caux, sous le Cte de Marle, pour combattre les Anglais qui assiègent Harfleur. — Rouen, 6 octobre 1415 [4].

(Sceau en cire rouge; écu seul portant 9 merlettes, 4, 2, 2 et 1, et un lambel en chef. Légende: « Seel Jehan Dargies, chlr. »

(1) Clairambault, vol. 6.
(2) Idem, vol. 80.
(3) Idem, vol. 55.
(4) Idem, vol. 6

2.

ARGUEL.

27. — Guillaume d'ARGUEL, Jehan Fessare, Étienne Gri-
mer, Vincent Louvel, Jehan Deu et Jehan de Fes-
camps donnent quittance à Guillaume de Milly et
Jouffroy Coquatrix, de 52 livres tournois pour leur
service en Flandres.— Arras, 10 septembre 1302 [1].

> (Petit sceau en cire brune, mal conservé. On
> ne distingue plus qu'un écusson portant un
> buste d'homme vu de face.)

28. — Drohe d'ARGUEL, écuyer, confesse avoir reçu de
Guillaume de Milly 24 livres tournois pour son service en Flandres.— 20 octobre 1302 [2].

> (Sceau en cire brune. Ecu seul portant une
> croix potencée cantonnée de 4 tourteaux
> Légende « .... *Arguel.* »)

AUMALE.

29. — Jehan d'AUMALE, écuyer.(Montre de messire Hagant
de Haganville, chevalier, du 1er septembre 1380.) [3]

AUXY.

30. — Hue d'AUXY, chevalier, sire de Mucident, déclare
avoir reçu des maîtres de la monnaie de Rouen 24

[1] Clairambault, vol 6.
[2] Idem, vol. 41.
[3] Idem, vol 57.

livres, 40 sols, 1 denier et 1 maille pour ses gages de « l'ost dérain devant Calais. » — 1er février 1347.

(Sceau en cire rouge sur lequel on ne distingue plus qu'un fragment de sceau échiqueté.)

31. — Pierre d'Auxy, chevalier, déclare avoir reçu de Jehan Chauvel, trésorier des guerres, 22 livres 10 sols pour lui et les gens d'armes de sa compagnie servant en Poitou et Gascogne sous Mons. de Hangest.— Poitiers, 21 mai 1356 [1].

(Sceau en cire rouge, très-brisé. On ne voit plus qu'un fragment de sceau échiqueté.)

32. — Colart d'Aussy, écuyer, a reçu de Jehan le Flament, trésorier des guerres, 150 francs d'or pour lui et 9 écuyers servant en Picardie sous Mons. de Coucy.— Corbie, 4 août 1380 [2].

(Sceau en cire rouge. Ecu seul, échiqueté. Légende « .... *Daussy.* »)

33. — La revue de Colart Daussy, escr et neuf escrs de de sa compaig. reveuz à Corbueil, le pmier jour de sept. l'an mil CCC IIII ^{xx}.

Led. Colart.	Martellet des Planques.
David Daussy.	Martin du Fouel.
Thomas Roussel.	Guérart du Fouel.
Jehan de Caubert.	Pierre de Sangines, de nou-
Jehan de Hédigneul.	velle retenue.

34. — Colart d'Aussy a reçu de Mahieu de Luires, receveur de l'aide à Rheims, 24 francs pour 7 jours de

(1) Clairambault, vol. 8.
(2) Idem, vol 40.

service de lui et 6 écuyers, en Picardie, sous Mons. de Coucy.— Thérouanne, 7 novembre 1387.

(Sceau en cire rouge, brisé. Il ne reste que la moitié d'un écu échiqueté.)

35. — Philippe d'Auxy, S^{gr} de Dampierre, chevalier, a reçu de Jehan de Pressy, trésorier des guerres, 494 livres 10 sols tournois pour les gages de lui banneret, 4 chevaliers bacheliers, 19 écuyers et 24 archers de sa compagnie, servant sous le duc de Bourgogne à aider à chasser les ennemis du royaume. — 29 octobre 1411.

(Sceau en cire rouge. Ecu écartelé, au 1er et 4e échiqueté ; au 2e et 3e, 2 fasces. Le heaume a pour cimier une tête d'homme vue de profil. Supports, 2 lions léopardés accroupis. Légende « . ..... *Phelippe... .....* »)

36. — Philippe d'Auxy, chevalier, S^{gr} de Dampierre, chambellan du Roy et son Bailly d'Amiens, a reçu de Philippe le Maire 30 livres tournois sur les gages de son office de bailly. — 19 mai 1414 [1]

Signé : Phe. DAUXY.

(Sceau en cire rouge, tout pareil au précédent : mais moins bien conservé)

37. — Guérart DAUSSY, écuyer, a reçu de Jehan Chanteprime, trésorier des guerres, 180 livres tournois pour lui, 3 chevaliers et 5 écuyers de sa compagnie, servant à la suite de Mons. Jehan le Meingre, maréchal de France.— 2 mai 1393 [2]

(Sceau en cire rouge, écu seul, écartelé, au 1er et 4e, échiqueté, au 2e et 3e, 2 fasces. Légende « *S. Guer. Daus...* »)

_____

(1) Clairambault, vol 8.
(2) Idem, vol. 40.

AVELUY.

38. — Baudoin DAVELYS le Josne, chevalier, a reçu de Jeufroy du Bois et Guillaume de Milly, clercs du Roi, 24 livres 19 sols 2 deniers tournois, à cause d'une dépense qu'il a faite pour le Roi. — Bruges, 14 janvier 1289.

> (Sceau en cire brune, portant un écu seul, chargé d'un lion passant, avec une bordure dentelée.)

39. — Jehan d'AVELUYS, chevalier, a reçu d'Étienne Braque, trésorier des guerres, 26 livres 5 sols tournois pour lui, 1 écuyer et 1 archer « non étoffé » de sa compagnie, servant sous Hue de Melun, sire d'Antoing. — Amiens, 29 août 1390 [1].

> (Petit sceau en cire rouge, portant un écu seul, chargé d'un lion passant et d'une bordure dentelée. Légende « S... *Jeh ..uis... chler.* »)

(1) Clairambault, vol 7.

B.

BACOUEL.

40. — Jehan de BASCOUEL, chevalier « de la baillie d'Amiens » atteste qu'il a reçu de Guillaume de Milly, 22 livres tournois pour le service qu'il a fait en Flandres avec 3 écuyers de sa compagnie. — 1302.

> (Sceau en cire brune. Ecu seul semé de croisettes, à deux bars adossés sur le tout. Légende brisée.)

41. — Messire Jehan de BASCOUEL, chevalier, Winot de Hardencourt, Rob. de Heneville, Girar de Bascouel, écuyers dudit chevalier, ont reçu de Guillaume de Milly 38 livres 10 sols tournois pour leur service « en lost de Flandres. » — Arras, septembre 1307.

> (Sceau en cire brune, le même que ci-dessus.)

42. — Blanchardin de BASCOUEL, chevalier, confesse avoir reçu de Barthélémy du Drach, trésorier des guerres, 255 livres 8 sols tournois pour lui, bachelier, et 9 écuyers de sa compagnie, ayant servi « en lhost de Bouvynes et ès-frontières de Flandres et de

Haynault » du 3 avril jusqu'au 27 septembre 1349.— 3 décembre 1350 [1].

(Sceau en cire rouge. Ecu seul semé de croisettes, à deux bars adossés sur le tout, et un petit écusson en chef. La légende manque.)

43. — Wille de BACOUEL, cheval gris. (Montre de Sausset de Thilloy, chevalier, du 24 octobre 1348) [2].

BEAUCAMP.

44. — Rifflart de BEAUCAMP, écuyer. (Montre de Jehan de Cotenes, écuyer, du 1er juillet 1387) [3].

BEAUCHAMP.

45. — Jehan de BEAUCHAMP, écuyer. (Montre du sire de Sempi, chevalier, du 1er octobre 1380) [4].

BEAUVAIS.

46. — Wille de BEAUVAIS, chevalier, avoue avoir reçu de Jehan l'Ermite, trésorier des guerres, 57 sols 7 deniers tournois pour les gages de lui et 3 écuyers de sa compagnie ayant fait le dernier voyage de

(1) Clairambault, vol. 10.
(2) Idem, vol. 105.
(3) Idem, vol. 35.
(4) Idem, vol. 102.

Flandres et de Hainaut ,. sous le connétable de France.— Tournay, 20 octobre 1338.

> (Sceau en cire rouge. Écu à une croix pleine chargée de 5 coquilles, surmonté d'un heaume. Tout le reste est brisé.)

47. — Colars , châtelain de BEAUVAIS, chevalier, a reçu de Colette de Guise , receveur du Vermandois , 45 livres tournois pour lui bachelier et 6 écuyers de sa compagnie servant sous Guy de Nesle, M^{al} de France, au nombre des 200 hommes d'armes que le Vermandois prête au Roi pour 15 jours.— 22 août 1346.

> (Sceau en cire rouge. Ecu à une croix pleine chargée de 5 coquilles. Le heaume a pour cimier une queue de paon. Légende illisible.)

48. — La monstre de mess. Guille , castellain de BIAUVAIS, chlr banet et des gens darmes de sa comp receue à Sainct-Riquier, le xxvi° jour davril lan mil ccc soixante nuef.

Led. mess. Guille , ch. bay.

Regn. de Capy, ch. bay.

Mess. Walles , sire de Quiquempoit, ch. gs.

Mess. Flament de Crevecuer, ch. noir.

Mess. Mahieu Danseauville , ch. noir.

Mess. Jehan Despineuses , ch. fauve.

Mess. Oste Have , ch. gs rouan.

Mess. Henry, seigr de Lihus, ch. fauve.

Mess. Guille de Laudencort , ch. noir grys.

Mess. Robert de Sains , ch. bay.

Le seigr de Pisseleu , ch. brun bay.

Mess. Walles de Villers , ch. bay.

Mess. Sengler du Fay, ch. bay estellé.

Mons Eustace de Chaules , ch. gs.

Mons. Saillart de Coudun , ch. gs.

ESCUIERS.

Jehan de Laudencort . ch. fauve estelle.

Perceval Denneval, ch. morel estellé.

Guill. de Ppes , ch. fauve estellé.

Tristan de Change , ch. bay mautaint.

Pierre de Bailluel , ch. bay.

Jehan de Lenglantier, ch. noir.

Ph. Doffay, ch. grys.

Jeh. de Folleville, ch. bay.

Pierre de Pineuses, ch. brun bay.

Manessier de Conty, ch. noir.

Colart Mauchevalier, ch. bay.

Baudot de Bougainville , ch. gris.

Jehan de Hesdicourt , ch. tour noir.

Anbolet Daussonvillers , ch. morel.

49. — Guille Chatelain de BEAUVAIS, chevalier banneret, a reçu d'Etienne Braque, trésorier des guerres, 690 livres tournois pour lui, 4 chevaliers bacheliers et 12 écuyers de sa compagnie, servant en Picardie sous Hue de Châtillon, maître des arbalétriers. — Du siège de Noyelle-sur-Mer, 26 mai 1369.

> (Sceau en cire rouge. Ecu seul à la croix pleine chargée de 5 coquilles. Légende brisée.)

50. — La reveue de Mess. Guillame, chastellain de BEAU-

\v\ais, chr̄ banet, de iiii auts chr̄s bachr̄s et xii escuiers de sa compaig. receue le xxvie jour de juillet
lan mil ccc lxix.

Led. Chastellain, ch. bay.

Mons. Walles de Qk̄empoiz, ch. g̃s.

Mons. P̃he de Biaumers, ch. morel.

Mons. Flament de Crevecuer, ch. morel mautaint.

Mons. Percheval Denneval, ch. morel.

Brouquart de Balli, ch. brun bay.

Jeh. de Laudencort, ch. tout bay.

Regnaut de Cappy, ch. blanc bay.

Jeh. Denneval, ch. bay.

Thiebaut des Reny, ch. grys.

Pierre de Baillœul, ch. bay.

Pier. du Hamel, ch. bay estelé.

Jeh. de Lenglantier, ch. bay.

Will. de Gamach., ch. brun bay.

Amaury de Haus, ch. bay.

Jeh. de Baulon, ch. bay.

Jeh. de Hondicort, ch. g̃s.

51. — Guillaume, chatelain de BEAUVAIS, chevalier, a
reçu d'Étienne Braque, trésorier des guerres, 180
livres tournois pour les gages de lui banneret, 4
chevaliers bacheliers, et 12 écuyers de sa compagnie.
— 26 août 1369.

(Sceau en cire rouge. L'écu porte une croix chargée de
5 coquilles. Il est surmonté d'un heaume cerclé d'une
couronne fleurdelysée, et dont le cimier est brisé:
supports, deux lions couchés. Légende illisible.)

52. — La reveue de Mess. Guille. chastellain de Biauvez, chlr bant, deux chlrs bachlrs et 3 escuiers de sa comp. receuz à Corbueil, ce pmier jour de sept. lan mil ccc iiii^{xx}.

Led. mess. Guille, bant.	Jehan de Laudencort.
M. Lestandart de Milly, chlr.	Jehan de Faiel.
	Jéhan de Bétancourt.
M. Guille de Laudencort, chlr.	Colmet Le Prévost.
	Jehan de Fremeircourt.

53. — Quittance de Guillaume, chatelain de Beauvais, de 195 francs pour lui, 2 chevaliers bacheliers et 5 écuyers de sa compagnie servant en la compagnie de Mons. de Coucy et sous le duc de Bourgogne. Galardon, 5 septembre 1380.

(Sceau en cire rouge. Ecu à une croix chargée de 5 coquilles. Heaume cerclé d'une couronne fleurdelysée, supporté par deux sauvages. Le cimier et la légende manquent.)

54. — La monstre de mess. Guillaume le chastellain de Biauves banneret, de deux chlrs bachlrs et de 7 escuiers de sa chambre reçeu à Brie-Cont-Robert, le ixe jour de may lan mil ccc iiii^{xx} ii.

Led. mess. Guille.	Raoul de Rouveroy.
Mess. Karados des Quesnes.	Jehan de Bertaucourt.
Mess. Flament de Creve-cuer.	Jehan Mauchevalier.
	Colin du Jardin.
Jehan de Laudencort.	Thomas Lalement.
Walet de Montigny.	

55. — La monstre mess. le chastell. de BIAUVEZ chīr, quat. aut chīrs et dix-neuf escrs de sa comp. receuz à Therouenne le p̃mier jo͞r. dottobre lan m. ccc iiiꭓˣ vii [1].

Led. mess. le chastel. baneret.	Guille. Desgneville.
	Tairain de Lenglantier.
Mess. Flamant de Crevecuer.	Raoul de Rouveroy.
	Jaq. de la Nuefville.
Mess. Mannessier de Conty.	Raoul Broutin.
	Colin du Gardin.
Mess. Porrus d'Espaigni.	Roland de Fricans.
Mess. Walles de Villers.	Jeh. de Condé.
Jehan de Laudencort.	Eirioulle du Puis.
Lelyhot de Cauveny.	Regnaut de Bettancourt.
Clau. de Valiquiarville.	Rabace de Tois.
Hue de Villers.	Aubert Coiffette.
Hector Quieret.	Loys Pouille.
Desraine de Famechon.	

BEAUVAL.

56. — Jéhan de BIAUVALS, écuyer, a reçu de Jehan du Change, trésorier des guerres, 12 livres 15 sols tournois pour lui et un écuyer servant en « la bataille de Monseigneur le Connestable. » — Arras, 4 septembre 1342.

> (Sceau en cire brune. Petit. — Ecu seul, chargé d'une fasce et d'une vivre en chef. Légende « s. Jehan de...... »)

[1] Clairambault, vol. 12.

57. — Quittance du même au même de 16 livres 17 sols et 6 deniers tournois, pour lui et deux écuyers, etc. (comme ci-dessus). — Arras, 14 septembre 1342 [1].

> (Même sceau, cire rouge. La fasce est chargée en cœur d'un petit écusson).

58. — Messire Dan-Jame de BIAUVAL, chlr. ch. noir mautaint merchié en la cuisse senestre (montre d'Arnoul, sire d'Audeneham, M^al de France. — 8 juillet 1353) [2].

59. — Le sire de BIAUVAL, chevalier. (Montre de Robert de Piennes, connétable de France, du 21 juillet 1366) [3].

BELLANGREVILLE.

60. — Robin de BELLANGREVILLE, écuyer. (Montre de Jehan Bodart, écuyer, du 1er septembre 1380) [4].

BELLEFOURIÈRE.

61. — Pierre, seigneur de BELLEFORIÈRE, chevalier bachelier, a reçu de Jehan de Pressy, trésorier des guerres, 277 livres 10 sols tournois pour lui et neuf écuyers de sa compagnie servant en Guyenne, au nombre de 2,000 hommes d'armes et 1,000 hommes

---

(1) Clairambault, vol. 12
(2) Idem, vol 7.
(3) Idem, vol 47.
(4) Idem, vol. 19.

de trait sous les ordres du duc de Bourgogne. — Donné sous le sceau du S^{gr} de Rasse en l'absence du sien.— 12 mai 1412 [1].

(Le sceau manque).

BELLENCOURT.

61. — Guillaume de BELLANCOURT, écuyer, du bailliage d'Amiens, a reçu de François de Lospital, clerc des arbalétriers, 26 livres tournois pour les services que lui et neuf écuyers de sa compagnie ont rendu dans les guerres. — St-Quentin, 20 octobre 1339.

(Petit sceau en cire brune, sans écusson. Il représente seulement un aigle éployé, entouré d'une légende qu'on ne peut plus lire).

62. — Quittance du même au même d'une certaine somme pour les gages de lui et des gens d'armes de sa compagnie. — St-Quentin, 28 octobre 1339 [2].

(Petit sceau en cire rouge, tout à fait écrasé).

BELLEVAL.

63. — Jehan de BELLEVAL, écuyer, du bailliage d'Amiens, donne quittance à Etienne Braque, trésorier des

[1] Clairambault, vol. 12.
[2] Idem, vol. 13.

guerres, de 57 sols tournois qui lui étaient dus pour ses gages. — 20 février 1369 [1].

> (Sceau en cire rouge, portant un écu seul, entouré de trois branches de laurier, deux sur les côtés, placées debout, et une en haut, couchée. L'écu est chargé d'une bande et de six croix, trois en chef, trois en pointe. La légende est brisée).

64. — Jéhan de BELLEVAL, écuyer. (Montre de Hugues de Champdeo, chevalier, — du 18 octobre 1367) [2].

65. — La monstre de Jéhan de BELLEVAL, escuier, et ung aũlt. escuier de sa cõpaignie, receuz à Abbeville, le XXIXe jour davril lan M. CCC IIII XX.

Led. Jeh. de Belleval.

Guillaume Bequet.

66. — Jehan de BELLEVAL, écuyer, a reçu de Jehan Le Flament, trésorier des guerres, 26 livres 12 sols tournois pour lui et un écuyer de sa compagnie servant en Picardie, en la compagnie de Mons. de Coucy, et sous les ordres du duc de Bourgogne. — Abbeville, 1er juin 1380 [3].

> (Sceau en cire rouge, écu chargé d'une bande et de six croix, trois en chef, trois en pointe. Le heaume, recouvert d'un mantelet dont la bordure est découpée et qui pend en arrière, est surmonté, pour cimier, d'un cygne debout, les ailes repliées. Supports, deux lions assis, à la tête contournée. Légende « S....... *Bell......* »

(1) Cartons du cab. des titres.
(2) Clairambault, vol, 28
(3) Cartons du cab. des titres.

67. — Jéhan de BELLEVAL, écuyer. (Montre de Hugues de Champdeo, chevalier, du 1er octobre 1380).

68. — Jéhan de BELLEVAL, écuyer. (Montre de Hugues de Champdeo, chevalier, du 28 octobre 1385).

69. — Jéhan de BELLEVAL, écuyer. (Montre de Hugues de Champdeo, chevalier, du 29 septembre 1386) [1].

70. — Obéron de BELLEVAL, écuyer. (Montre de Mess. de Greaucourt, chevalier, du 1er janvier 1387).

71. — Baudoin de BELLEVAL, écuyer. (Montre de Hue, sire de Greaucourt, chevalier, du 1er septembre 1387).

72. — Obéron de BELLEVAL, écuyer. (Montre de Hue, sire de Greaucourt, du 1er décembre 1387) [2].

73. — Tassin de BELLEVAL, sergent à pied du guet de nuit de la ville de Paris, a reçu de Guillaume Amé, receveur de Paris, 7 livres 10 sols parisis pour ses gages, du terme de l'Ascension. — 25 août 1396 [3].

> (Sceau en cire rouge, très-petit. Pas d'écusson. Il n'y a qu'un dessin en forme d'étoile, au milieu duquel se trouve un T, accosté de deux étoiles. Légende brisée).

74. — Pierre de BELLEVAL, archer. (Montre de Jéhan Standalle, écuyer anglais, lieutenant du capitaine de Lisieux, du 1er novembre 1438).

75. — Millet de BELLEVAL, archer. (Montre de Jéhan du Fou, grand échanson de France, du 1er juillet 1471) [4].

(1) Clairambault, vol. 28.
(2) Idem, vol. 54.
(3) Idem, vol. 13.
(4) Cartons du Cab. des titres.

BELLOY.

76. — La reveue de Mess. Jehan, seigneur de Belloy, Chlr, un aut Chlr. et sept escrs de sa comp. receuz à Arras le pmier jour daoust lan M CCC quatrevins [1].

Led. mess. Jéhan.
Désré de Neufville.
M. Guérart de Saveuses.
Lermite du Pont de Remy.
Jehan de la Mote.
Colmet de Bernapré.
Robert de Saveuses.
Robinet de Biecles.
Guérart le Prévost.

77. — Pierre de BELLOY, chevalier. (Montre de Mahieu de Pomelain, écuyer, du 15 décembre 1369) [2].

78. — Jehan de BELLOY, chevalier, confesse avoir reçu de Jehan le Flament, trésorier des guerres, 165 francs d'or pour les gages de lui, un chevalier et 7 écuyers de sa compagnie servant en Picardie, en la compagnie de Mons. de Coucy, sous les ordres du duc de Bourgogne. — Corbie, 4 août 1380.

(Sceau en cire rouge. L'écu porte trois fasces. Le heaume a pour cimier un buste de femme. Supports, un lion et un griffon. Légende brisée).

79. — Montre et quittance du même, en tout semblables à la montre et à la quittance qui précède. — 1er et 6 septembre 1380 [3].

(Sceau en cire rouge. Ecu seul, chargé de quatre bandes. Légende illisible).

(1) Clairambault, vol. 13.
(2) Idem, vol. 89.
(3) Idem, vol. 13.

80. — Enguerran de BELLOY et Jehan de BELLOY, écuyers. (Montre de Jehan Brichart, chevalier, du 29 septembre 1386 [1].

81. — La monstre de mess. Pierre de BELLOY, chlr bachlr et de trois escrs de sa compaignie, veuz au Mans, le XIXᵉ jour de juillet l'an MIL CCC IIIᵡˣ XII.

Pmierement.

Led. mess. Pre de Beelloy.
Robinet de Machy.
Jeh. le Grant.
Mathieu Daufen.

82. — Pierre de BELLOY, chevalier bachelier, a reçu de Jehan Chanteprime, trésorier des guerres, 75 francs pour lui et 3 écuyers de sa compagnie servant « en ceste presente chevauchée » sous le comte d'Eu. — Le Mans, 18 juillet 1392 [2].

(Sceau en cire rouge, tout à fait écrasé).

BERNES.

83. — Gabriel de BERNES, écuyer, maître d'hôtel du dauphin de Viennois, a reçu de Guillaume Charrier, receveur gᵃˡ des finances, 323 livres tournois que le roi lui a données par lettres patentes du 9 décem-

(1) Clairambault, vol. 22
(2) Idem, vol. 13.

bre 1438 , pour un voyage qu'il a fait en Dauphiné.
— 22 décembre 1438 [1].

> (Sceau en cire rouge. Ecu chargé de trois
> chevrons. Heaume brisé; supports : deux
> femmes debout. Légende : « *S. ga..... de
> Ber.....* »)

BERTANGLE.

84. — Gauthier de BERTENGLES, du bailliage d'Amiens, a
reçu de François de Lospital, clerc des arbalétriers,
19 livres 10 sols tournois, pour lui et 6 écuyers de
sa compagnie servant « ès présentes guerres. » —
St-Quentin , 20 octobre 1339.

> (Petit sceau en cire rouge, portant un écu
> effacé. (Légende « S....... *Autier de Ber-
> tangles.* »)

85. — Wautier de BARTANGLE , écuyer, a reçu de Chrétien
du Cange, receveur à Amiens, 4 livres tournois pour
7 jours de service qu'il a fait sous Mons. d'Aubigny,
chevalier, capitaine de gens d'armes. — 4 juin
1363 [2].

> (Sceau en cire rouge. Écu seul, chargé de 5 tours posées
> 2, 2 et 1. Légende « S.......*tier de Bartanq.....* »)

(1) Clairambault, vol. 13.
(2) Idem , vol. 14.

BERTAUT.

86. — Pierre BERTAUT, bailly d'Abbeville et de Crécy, et
Jehan Mustel, bailly d'Airaines, ont reçu du rece-
veur du Ponthieu 4 livres qui leur sont dues. —
Abbeville, 30 juin 1428 [1].   Signé : BERTAUT.

> (Il ne reste plus qu'un fragment de sceau en cire rouge,
> sur lequel on distingue à peine un écusson chargé
> d'un chevron et d'une étoile en pointe.)

BÉTHENCOURT.

87. — Quiéret de BÉTHENCOURT, écuyer, cheval noir.
(Montre de Jehan de Brabançon, chevalier, sire
d'Avelin, du 14 septembre 1369) [2].

BÉTHISY.

88. — La monstre de Mons. de BÉTHISY, chĩr, deux ault.
chĩrs et quatorze escuiers de sa comp. receuz à Saint-
Clout, le p̃mier jour de septembre de lan mil CCC
LXVIII.

	ESCUIERS.
Led. sire de Béthisy, chĩr.	Hubert Tonart.
M. Thomas de Montines, chĩr.	Le bastard de Bétisy.
Mess. Hébert du Vieux.	Le bastard de Marchel.

(1) Clairambault, vol. 14.
(2) Idem, vol. 21.

Estienne de Villeperche.   Pierre de Suvigny.

Balt. de Toon.   Guille. de Vaux.

Désiré de Reny.   Robt de Berengueville.

Hideux de Huellon.   Guiot de Verson.

Morelet le Breton.   Anchelet le Feuvre.

Jaqmart le Vieux.

89. — Jehan, seigneur de BETISY, chevalier, a reçu d'É-
tienne Braque, trésorier des guerres, 67 francs d'or
pour lui, 1 chevalier et cinq écuyers de sa compagnie servant sous le connétable. — Laviers, 17 juin
1371.

(Sceau en cire rouge, portant un écu seul, fretté,
entouré de la légende « .....an de B..... »)

90. — Jehan de BETISY, chevalier, confesse avoir reçu
de Jehan le Flament, trésorier des guerres, 64 livres
tournois pour lui et 7 écuyers de sa compagnie servant dans la compagnie de Msr de Coucy, sous le
duc de Bourgogne. — Hesdin, 20 juin 1380.

(Sceau en cire rouge. Écu seul, fretté, mal conservé).

91. — Quittance du même au même, de 63 livres tournois, etc. (Comme ci-dessus). — Abbeville, 5 juillet
1380.

(Sceau en cire rouge, portant seulement un écu fretté,
entouré de cette légende : « S. Jehan de Betisy. » Très-
bien conservé).

92. — La reveue de Mess. Jehan de BETISY, chlr et huit
escrs de sa compaig. receuz à Arraz, le pmier jour
daoust lan MIL CCC IIIIxx.

Led. mess. Jehan.　　　　　Perceval de Hezeque.

Charles de Longueval.　　　Etton de Hezeque.

Symon de Maucreux.　　　　Jehan de Hezeque.

Le bastard de Betisy.　　　Le bastard de Bailleul.

Flament de Hezeque.

93. — Quittance de Jehan de BÉTHISY, chevalier, à Jehan
le Flament, trésorier des guerres, de 150 francs d'or
pour lui et 8 écuyers servant en la compagnie du
sire de Coucy, et sous les ordres du duc de Bourgogne. — Arras, 3 août 1380.

(Sceau en cire rouge portant seulement un écusson fretté).

94. — La reveue de Mess. Jehan de BETISY, chlr et cinq
escuiers de sa comp., receus à Corbuel, le pmier jour
de sept. lan MIL CCC IIII^x.

Led. mess. Jehan.　　　　　Le bastard de Bailleul.

Charles de Longueval.　　　Yvon de la Haute-Espine.

Le bastard de Betisy.　　　Jehan Darmeau.

95. — Jehan de BETHISY, chevalier, a reçu de Jehan le
Flament, trésorier des guerres, 105 francs d'or,
pour lui et 5 écuyers de sa compagnie servant « à la
poursuite des Angloys » en la compagnie du sire de
Coucy et sous le duc de Bourgogne. — Chartres, 7
septembre 1380.

(Sceau en cire rouge. Écu seul, fretté.
Légende « Jehan de Betisi. »)

96. — La monstre mess. Jehan de BETISY, chlr, et cinq
escrs de sa comp., receuz à Thérouenne, le penul-
tième jour d'octobre l'an mil ccc IIII ^x VII ⁽¹⁾.

(1) Clairambault, vol. 14.

Led. mess. Jehan.   Morel de Maucreux.

Simon de Maucreux.   Jaque de Menin.

Jehan Darmeau.   Jehan Darencourt.

BIENCOURT.

97. — Colnet de BIENCOURT, « estudiant à Paris et cap-
pellain de le cappelle de Translel » a reçu de Pierre
le Sene, receveur d'Amiens et de Ponthieu, 8 livres
parisis qui lui étaient dues, à cause de ladite chapelle, pour le terme de Noel. — 20 février 1371.

> (Sceau en cire rouge, portant seulement un écu
> parti, au 1ᵉʳ un lion passant, au 2ᵉ une bande
> et une étoile en chef.)

98. — Hue de BIENCOURT, bailly d'Abbeville, a reçu d'Aubert le Fèvre, receveur du Ponthieu, 13 livres 6 sols
8 deniers parisis qui lui étaient dus sur ladite recette, pour ses gages de bailli, du terme de la Toussaint. — 22 novembre 1397.

Signé : DE BIENCOURT.

> (Sceau en cire brune, tout brisé, sauf l'écu qui
> porte un lion passant et une cotice brochant sur
> le tout.)

99. — Hue de BIENCOURT, bailli d'Abbeville, a reçu de
Guillaume Bretiau, receveur de Ponthieu, 26 livres
13 sols 4 deniers parisis, provenant d'une somme
de 300 livres tournois que le Roi lui donna, par
lettres du 16 avril 1399 et qui doit lui être payée
en trois ans, et en trois paiements chaque année,

à la Toussaint, à la Chandeleur et à l'Ascension. —
16 juin 1402. Signé : DE BIENCOURT [1].

> (Sceau en cire brune, chargé d'un écu au lion passant, à une cotice brochant sur le tout. L'écu est placé debout, il est surmonté immédiatement d'une tète de femme de face, et accosté de deux lions couchés.)

BLANCHART.

100. — La monstre de Jehan BLANCHART, escr et nuef auts escrs de sa comp., receuz à Gravelinghues, le pmier jour de février lan MIL CCC IIII^{xx} et sept [2].

Led. Jehan.	. . . .
. . . .	Anseau de Rambures.
Cambayot de Noielle.	. . . .
Flament de Noielle.	Robt. de Bernieulles.

BLANGY.

101. — Jehan de BLANGY, du baillage d'Amiens, a reçu de François de Lospital, clerc des arbalétriers du Roi « le demeurant de ses gaiges » 72 sols tournois. — 10 octobre 1339 [3].

> (Sceau en cire rouge portant un écu seul chargé d'une croix frettée.)

(1) Clairambault, vol. 14.
(2) Idem, vol. 15.
(3) Idem, vol. 15

BOFFLES.

102. — Jehan de BOFFLES, écuyer, a reçu de Marc Héron, trésorier des guerres, 165 livres tournois pour les gages d'un mois de lui et de 10 écuyers de sa compagnie servant sous Jehan, sire de Ligne et de Bailleul, chevalier. — 16 août 1415 [1].

> (Sceau en cire rouge, représentant seulement un écu chargé de trois bandes. Légende « *Jeh. de Boffles.* »)

BOIS.

103. — Jehan du BOIS, du bailliage d'Amiens, a reçu de François de Lospital, clerc des arbalétriers, 20 livres tournois pour son service dans la dernière guerre. — St.-Quentin, 2 octobre 1339 [2].

> (Sceau en cire rouge tout effacé.)

BOISSIÈRE.

104. — Guyot de La BOISSIÈRE, écuyer. (Montre de Rogue de Soissons, du 3 août 1385) [3].

(1) Clairambault, vol. 16.
(2) Idem, vol. 16.
(3) Idem, vol. 104.

BOQUET.

105. — Raoul BOQUET, du baillage d'Amiens, a reçu de
François de Lospital , clerc des arbalétriers , 4 livres
9 sols tournois pour le service que lui et 1 écuyer de
sa compagnie ont fait à la dernière guerre. — St -
Quentin , 29 octobre 1339 [1].

> (Il ne reste plus qu'un fragment de sceau en cire
> rouge sur lequel on distingue encore un écu
> chargé de cinq lozanges mis en bande.)

BOTEREL.

106. — Jehan BOTEREL , du baillage d'Amiens , a reçu de
François de Lospital , clerc des arbalétriers , 11 livres
tournois pour le service que lui et 2 écuyers de sa
compagnie ont fait « en ceste présente guerre. » —
Picquigny , 25 septembre 1339 [2].

> (Sceau en cire brune. Écu seul , chargé en cœur
> d'un petit écusson , et de huit perroquets mis
> en orle. Légende « S. Jehan ... .el. »)

BOUBERS.

107. — Jacques de BOUBERCH , chevalier, a reçu de Guillaume de Milly et de Jouffroy Coquatrix 37 livres 10

[1] Clarambault , vol. 17.
[2] Idem , vol 19

sols tournois pour le service que lui et 3 écuyers font en Flandres. — Arras, 8 septembre 1302.

(Sceau en cire brune. Ecu seul chargé de trois petits écussons, 2 et 1, et d'une fleur de lys en cœur.)

108. — Martins de Boubierch, écuyer, a reçu du Roi par les mains d'Eustache de Ribemont, chevalier, gouverneur de Lille, 112 sols et 10 deniers pour le service qu'il a fait en la présente guerre.—21 août 1342.

(Sceau en cire brune. Écu seul, chargé d'une croix pleine. Légende brisée.)

109. — La monstre de mess. Robert de Boubert, chlr, deux aut. chlrs bachlrs et huit escrs de sa comp., receuz à Sauflieu sous le gouvnemt de mess. Guill. des Bordes, chlr et chambell. du Roy nres, capit. de LXX homes d'arm. le pmier jour de mars lan M CCC LXVII.

Led. mess. Robert, ch. tout lyart.

Mess. Colart Disque, ch. noir mchié en la cuisse senestre.

Mess. Regnaut, sir de Domart, chlr. ch. lyart moscheté.

Desrée Disque, ch. bay.

Griffon Disque, ch. bay.

Adenet de Boubert, ch. gris moscheté.

Remy Barraut, ch. cler bay.

Symon de Houdant, ch. noir.

Jaquin de Thubeauville, ch. noir estelé.

Alardin de Ste Audegonde, ch. tout noir.

Fauvelet de Pont-de-Remy, ch. noir.

110. — Quittance de Robert de BOUBERCH, chevalier, à Nicolas Odde, trésorier des guerres, de 210 livres tournois pour lui, 2 chevaliers et 8 écuyers de sa compagnie, servant en Bourgogne, sous Guillaume des Bordes, chevalier. — Semur-en-Auxois, 5 mars 1367.

> (Sceau en cire rouge. Ecu seul, d'hermines à 3 écussons, 2 et 1. Légende brisée.)

111. — Jehan de BOUBERCH, chevalier, donne quittance à Etienne Braque, trésorier des guerres, de 400 francs d'or que le Roi lui a fait remettre. — 27 avril 1369.

> (Sceau en cire rouge. Ecu chargé de 3 écussons, 2 et 1, surmonté d'un heaume qui a pour cimier un demi-vol; pas de supports. Légende : « *Jehan de Boub......* »)

112. — Quittance donnée par Mailly de BOUBERCH, Conseiller du Roi, à Pierre le Sene, Receveur d'Amiens et de Ponthieu, de 40 livres parisis, qui lui étaient dues pour ses gages. — 19 février 1372.

> (Sceau en cire rouge. Écu seul à 3 écussons. Légende : « *S. M. de Boub... .* »

113. — Quittance que Loys, seigneur de BOUBERS, chevalier, donne à Guillaume d'Enfernet, trésorier des guerres, de la somme de 136 livres tournois pour les gages de lui et de ses compagnons, qui servent en Ecosse sous Jean de Vienne, amiral de France. — St.-Johnston, 28 octobre 1385 [1].

> (Sceau en cire rouge. Ecu à 3 écussons, 2 et 1. Heaume, cimier un demi vol ; pas de supports. Légende : « *S.... de Bouberch.* »

(1) Clairambault, vol. 19.

114. — Loys de Boɪberch, écuyer. (Montre de mess. Hagant de Haganville, chevalier, du 1ᵉʳ sept. 1380) [1].

115. La monstre Louys de Bouberch, escr̃, deux chɪr̃s et
sept escr̃s de sa comp., receuz à Thérouane le penult.
jour d'octobre, l'an м. ccc. ɪɪɪɪˣˣ et vɪɪ.

Led. Louys.	Jehan de Waudricort.
Mess. Robert de Bouberch.	Remy de Foucans.
Mess. Andrieu de Houdencq	Grignart de Grambus.
Jehan Daumalle.	Mahiet de la Fosse.
Guiot de Nibas.	Jeh. Broutin.

116. — Quittance donnée par Loys de Bouberch, chevalier,
à Arnoul Boucher, trésorier des guerres, de 165
francs d'or, gages de lui, un chevalier et 7 écuyers
de sa compagnie, rassemblés au Mans pour servir
sous le cᵗᵉ de St.-Pol. — Le Mans, 15 août 1392 [2].

> (Sceau en cire rouge. Ecu à 3 écussons, 2 et 1.
> Heaume, cimier un demi-vol. Légende : « *Louys
> de*. .... »

117. — Messire Jehan de Bouberch, chevalier. (Montre de
Raoul de Gravières, chevalier, du 15 mai 1397.) [3]

BOUFFLERS.

118. — Enguerrand de Boufflers, écuyer. (Montre de
Guillaume de Cauroy, chevalier, du 3 août 1385.) [4]

---

(1) Clairambault, vol. 57.
(2) Idem, vol. 19.
(3) Idem, vol. 55.
(4) Idem, vol. 25.

119. — David de Bouffleurs, écuyer, a reçu de Colart de
Beaurains, receveur de Ponthieu, 20 sols par homme
d'armes, et 10 sols par archer, pour 50 écuyers et 4
archers à cheval, revus à Abbeville par Jehan Postel
et Michel Noël, qu'il conduit à la suite du Dauphin,
sous Mahieu d'Ailly, dit Sarrazin, chevalier banneret. — 1er décembre 1416 [1].

(Sceau tout à fait brisé.)

BOULAINVILLIERS.

120. — La reveue de Jehan de Boulainvilers, escr, et 8
autres escrs de sa comp., reveuz au chastel de Lescluse, le pmier jour d'avril, l'an mil ccc iiiix et sis.

Led. Jehan de Boulain-	Ernoulet de Warnicap.
villers.	Robert de Warnicap.
Balt. de le Haie.	Aubert le Prévost.
Jehan Daumachon.	Isembart Turppin.
Pier. de Bussoiz.	Jehan de Sains.

121. — La monstre de Jehan de Boulainvilers, escr, et 8
aut. escrs de sa comp., pour suivre le Roy aux pntes
guerres soubz mess. Riflart de Flandres, receuz au
chastel de Lescluse, le pmier jour de may, l'an m.
ccc iiiix vii.

Led. Jehan.	Robert de Warnicap.
Ernoulet de Warnicap.	Henry de Loe.

(1) Clairambault, vol. 19.

Gaut. de le Haie.	Braquet.
Loys du Breuq.	Jehan Wichon.
Hanron de Tannay. ·	Jeh. Ramage.

122. — Quittance que Jehan de Boulainviers, écuyer,
donne à Guillaume d'Enfernet, trésorier des guerres,
de 131 livres tournois pour lui et 8 écuyers de sa
compagnie, commis à la garde du château de l'Ecluse
et du pays environnant, sous Mons. Riflart de
Flandres, capitaine g^al de la Flandres. — Bruges,
6 juin 1387.

(Le sceau manque.)

123. — Quittance du même au même, de 150 livres tournois, etc..... (comme ci-dessus). — 4 juillet 1387.

(Sceau en cire rouge. Écu chargé de 3 fasces et d'un
lambel en chef. Le heaume a pour cimier un bou-
quet de plumes. Supports, deux boucs debout.
Légende brisée.)

124. — Six quittances du même au même, tellement semblables aux deux précédentes que nous avons cru
inutile de les donner ici.

125. — Cédule de Pierre de Boulainvillier, maître d'hôtel
de Mgr de Beaujeu, constatant qu'il a fait prendre au
grenier à sel de Paris un mynot de sel pour la provision dudit seigneur. — 31 décembre 1474.

Signé : P. de Boulainvillez.

(Le sceau manque.)

126. — Roolle de la monstre et reveue faicte à Rue le 19
septembre 1523, de 30 hommes d'armes et 60 archers

faisant la compagnie de 30 lances fournies des ordonnances du Roi, sous la charge de Philippe de Boulainvillier, comte de Dampmartin, etc.

HOMMES D'ARMES.

. . . .

Mons. le Conte, cappitaine. — Jehan du Quesnoy.

Jaques de la Quaithe, lieut. — . . . .

Phles de Boulainvillers, enseigne. — Christofle de Fontaines. Pierre le Picard.

Jehan de Fayes, guidon. — . . . .

Adrien de Boullaynvilliers. — Jehan de Fresnoy.

Ferry de Boullaynvilliers. — ARCHIERS.

Franç. de Boullaynvilliers. — . . . .

Jehan de Menilles. — Joachim Rouault.

Charles de Mailly. — Jehan de Bouqueval.

Antoine de Launay. — . . . .

Roland de la Fontaine. — Jehan Tallebot.

Pierre de la Rivière. — Pierre de Fautreau.

Olivier de Paillart. — . . . .

Jehan de la Haie. — Arthur de Beauval.

. . . . — . . . .

Aymé de Miremont. — Guillaume de Dreux.

. . . . — . . . .

Jacques de Hallencourt. — Jehan de Tyonville.

127. — Quittance donnée par Philippe de BOULLAYNVILLIERS, chevalier, comte de Dammartin et de Fauquembergues, seigneur de Courtenay et capitaine de 30 lances fournies des ordonnances du Roi, à Jean Grolier, trésorier des guerres, de 90 livres tournois,

pour le quartier d'octobre, novembre et décembre.
— 19 juillet 1529.

> (Sceau en cire rouge recouvert de papier. On n'y
> distingue plus qu'un écusson écartelé qui porte :
> au 1er et 4me 3 fasces ; au 2me et 3me une fasce.

128. — Quittance de 100 livres tournois donnée à Jacques
Brau, trésorier des guerres, par Perceval de BOUL-
LAINVILLIERS, porte-guidon de la compagnie de 40
lances de M....... — 24 avril 1551.

> (Sceau tout à fait effacé.)

129. — Quittance donnée par Méry de BOULAINVILLERS,
porte-guidon de la compagnie de 40 lances de Mons.
de Sanzac, à Jacques Brau, trésorier des guerres,
pour ses gages du quartier de janvier, février et
mars. — 29 août 1553 [1].

> (Le sceau manque.)

BOURNEL.

130. — La reveue de Jéhan BOURNEL, escuier, et de neuf
autres escrs de sa compaignie, receue à Laval-
Guyon, le penultième jour de may, l'an mil CCC LXX
et neuf.

Led. Jehan Bournel.	Esgret de Hadicourt.
Jehnin Bournel.	Willemot de Canremy.
Mallart de Morliens.	Jehan de Hangars.
Drouet de Hamelet.	Robert de Hangars.
Desree de Neuville.	Jaque de Mélérissart.

(1) Clairambault, vol. 19.

131. — Quittance donnée par Jehan BOURNEL, écuyer, à Jehan le Flament, trésorier des guerres, de 75 francs en blancs pour les gages de lui et 9 écuyers de sa compagnie, qui servent sous le duc de Bourbon. — Dernier jour de mai 1379.

> (Sceau en cire rouge. Ecu seul chargé d'un chevron et d'une merlette au canton dextre du chef. Légende : « *Scel Jehan........ el.* »

132. — Quittance de Jéhan BOURNEL, écuyer, à Jehan le Flament, trésorier des guerres, de 75 francs en blancs de 5 deniers pour lui et 4 écuyers de sa compagnie, servant sous le duc de Bourbon. — 25 juillet 1379.

> (Sceau en cire rouge; le même que ci-dessus. Légende : « *S. Je.......rnel.* »)

133. — Hue BOURNEL, chevalier, donne quittance à Jehan le Flament, trésorier des guerres, de 180 livres tournois pour lui et 10 écuyers de sa compagnie, servant en Flandres sous le sire de Coucy, gouverneur g^al de Picardie. — Gravelines, 1er février 1383.

> (Même sceau que ci-dessus. Légende brisée entièrement.)

134. — Quittance du même à Guillaume d'Enfernet, trésorier des guerres, de 80 livres tournois pour lui, 1 chevalier et 12 écuyers de sa compagnie servant en Flandres contre les Anglais, sous le duc de Bourbon. — 31 août 1383.

> (Sceau en cire rouge. Ecu seul, à un chevron et une merlette au canton dextre du chef. Légende brisée.)

135. — Hue BOURNEL, chevalier, a reçu de Guillaume
d'Enfernet, trésorier des guerres, 75 livres tournois
pour les gages de lui, bachelier, et de 3 écuyers de
sa compagnie, servant à la garde de la Picardie sous
Mess. de Saveuses, capitaine général dudit pays. —
Amiens, 26 avril 1387.

> (Charmant sceau en cire rouge, portant un écu
> chargé d'un chevron. Le heaume est cerclé d'une
> couronne fleurdelysée, de laquelle s'élance, pour
> cimier, une patte d'oiseau les griffes en l'air.
> Supports, deux griffons. Légende: «*Hue Bournel.*»

136. — Hue BOURNEL, chevalier et chatelain du Gard-les-
Rue, a reçu d'Aubert le Fevre, receveur de Ponthieu,
pour le terme de la Toussaint, 6 livres 13 sols et 4
deniers parisis qui lui étaient dus sur la recette de
Ponthieu, pour son office de chatelain. — 2 novembre 1397.

> (Sceau en cire rouge, exactement semblable à celui
> décrit ci-dessus, mais il n'y a pas de supports.
> Même légende.)

137. — Huc BOURNEL, chevalier, chambellan du Roi, a
reçu de Jaques Lempereur, écuyer, échanson du Roi
et « garde de ses coffres, » 33 francs 5 sols et 4 deniers parisis, qui lui sont dus pour le mois d'avril,
à cause de 80 livres de pension que le Roi lui a or-
donné de prendre sur « ses dits coffres.— 4 mai 1405.

> (Sceau entièrement brisé.)

138. — Loys BOURNEL, chevalier bachelier, confesse avoir
reçu de Colart de Beaurains, receveur de l'aide en
Ponthieu, les gages de sa compagnie composée de

7 écuyers et 4 archers à cheval , servant à la suite du Dauphin , sous Mons. de Montgomery, et dont il a fait montre à Abbeville. — 1ᵉʳ décembre 1416 [1].

> (Sceau en cire rouge. Ecu à un écusson en abîme et 8 perroquets mis en orle. Le heaume a pour cimier un perroquet dans un vol banneret. Supports, un homme et un lion. Légende : « *Sig. Loys Bournel.* » Très-belle conservation.)

BOURNONVILLE.

139 — Messire Hue de BOURNONVILLE , chevalier. (Montre de Jehan de Fiennes , connétable de France , du 22 juillet 1366.) [2].

140. — Jehan de BOURNONVILLE , chevalier, gouverneur du fort de Fouquesolle , a reçu de Pierre Chanteprime , trésorier des guerres , 60 liv. tournois pour les gages de Bauduin d'Anvin , écuyer, capitaine dudit fort , et de 3 écuyers. — Montreuil-sur-Mer, 2 avril 1375.

> (Très-beau sceau en cire rouge. Écu chargé d'un lion passant. Le heaume a pour cimier un lion assis entre deux cornes. Supports : deux sauvages. Légende : « *S. Jehan de Bournonville.* »)

141. — Le même a reçu du même 46 livres tournois pour Bauduin d'Anvin , 7 écuyers et 4 archers de sa compagnie. — Amiens, 3 mars 1376.

> (Même sceau que ci-dessus , en cire rouge. Légende : « .... *nonville.* » Moins bien conservé que le précédent.)

_____

(1) Clarambault, vol. 20.

(2) Idem , vol. 47.

BOURNONVILLE.

142. — La reveue de Aléaume de BOURNONVILLE, escuier, et 3 auts escrs de sa comp., reveuz à Hesdin, le xixe jour de juillet l'an mil ccc quatre vins.

Ledit Aléaume.   Mahieu Platel.

Regnault Pierre.   Éloi Deule.

143. — Quittance donnée par Aléaume de BOURNONVILLE, écuyer, à Jehan le Flament, trésorier des, guerres, de 24 livres tournois, pour lui et 3 écuyers de sa compagnie servant en Picardie sous Mons. de Coucy. — Hesdin, 20 juillet 1380.

> (Sceau en cire rouge. Ecu au lion passant. Heaume. Cimier : un lion assis entre deux cornes. Supports, un sauvage et un griffon. Légende : « S. Aliame...» Beau relief.)

144. — La monstre de mess. Jeh. de BOURNONVILLE, chlr et quatre escrs de sa comp., revuz à Arras le pmier jour daoust, l'an mil ccc quatre vins.

Led. mess. Jehan.   Jehan Girart.

Jehan Havegnaie.   Pierre du Pont.

Henry Goguery.

145. — Jehan de BOURNONVILLE, chevalier, a reçu de Jehan le Flament, trésorier des guerres, 90 francs pour lui et 4 écuyers de sa compagnie, qui servent en Picardie, sous le duc de Bourgogne, dans la compagnie de Mons. de Coucy. — 4 août 1380.

> (Sceau en cire rouge. Ecu chargé d'un lion passant. Le heaume est timbré d'un lion assis entre deux cornes. Supports, deux sauvages. Légende « S. Jeh. de Bournonville. »)

146. — La monstre de mess. Jehan de BOURNONVILLE, chlr et six escrs de sa comp., reveuz a Corbueil le pmier jour de sept. lan mil ccc quatre vins.

Led. mess. Jehan.	Maussart du Val.
Jehan Hanegars.	Pierre de Boulonnais.
Henry Goguery.	Jehan Bacheler.
Aléaume de Bournonville.	

147. — Jehan de BOURNONVILLE, chevalier, a reçu de Jehan le Flament, trésorier des guerres, 120 francs d'or, pour lui et 6 écuyers de sa compagnie servant en la compagnie de mess. de Coucy, sous le duc de Bourgogne. — 7 septembre 1380.

(Sceau en cire rouge. Le même qu'au n° 145.)

147 *bis*. — Jehan de BOURNONVILLE, chevalier, a reçu de Jeh. le Flament, trésorier des guerres, 20 livres tournois pour Baudoin du Baillif, arbalétrier à pied, capitaine de Rinquessant, et pour 4 autres arbalétriers commis avec lui à la garde dudit fort, sous Mre de Sempi. — 5 septembre 1380.

(Sceau en cire rouge. Le même qu'au n° 145 Très-belle conservation.)

148. — Quittance donnée par Galiot de BOURNONVILLE, écuyer, à Guillaume d'Enfernet, trésorier des guerres, de 45 livres tournois pour lui et 5 écuyers servant dans Ardres, sous mess. de St.-Pol, capitaine gal de Picardie et de Gravelines. — St.-Omer, 6 mai 1389.

(Sceau en cire rouge. Ecu seul, chargé d'un lion passant et d'un baton brochant sur le tout. Légende brisée.)

149. — Le bastard de BOURNONVILLE, écuyer, reconnaît avoir reçu de Guillaume d'Enfernet, trésorier des guerres, 67 livres 10 sols tournois pour lui, un chevalier bachelier, et 6 écuyers de sa compagnie servant à Ardres, sous Mess. de St.-Pol. — St.-Omer, 6 mai 1389.

> (Sceau en cire rouge. Le même qu'au n° 148. Légende brisée.)

150. — Galiot de BOURNONVILLE, écuyer, a reçu de Guillaume d'Enfernet, trésorier des guerres, 30 livres tournois pour lui et 6 écuyers de sa compagnie servant à Ardres, sous Mess. de St.-Pol.— St.-Omer, 7 mai 1389.

> (Sceau en cire rouge. Le même qu'au n° 148. Légende brisée.)

151. — La reveue de Hanotin de BOURNONVILLE, escuier, et de trente six aut. escrs et quarante archiers de sa compaignie, reveuz en lost dudit sgr devant Bourges, le xxiiie jour de juing lan mil ccc iiii^{xx} xii.

Led Hanotin escr.   . . . .

ESCUIERS.   Andriet du Bos.

. . . .   Le Begue de Lihus.

Jehan de Bougainville.   Huet d'Ambreville.

Henriet du Breuil.   Baudethon le Carbonier.

. . . .

Jehan de Lannoy.   Thomas de Ranssart.

. . . .   Jacotin de Fremin.

Jehan de Vaulx.   Le bastard de Brailly.

Riquelet de Péronne.   Phes de Saveuses.

Girart de Rossillon.   Elloi de Saveuses.

152. — La reveue de Gamot de Bournonville, escr et de trente six aut. escrs et de quarante archiers de sa comp., reveuz en lost dud. sgr devant Bourges, le xxiiie jour de juing lan mil ccc iiiixx xii.

Led. Gamot, escr.	Hannequin de la Roche.
ESCUIERS.	Hurtaut de Hézecques.
Le bastard de Bohain.	. . . .
. . . .	ARCHIERS.
Reg. de Beaussart.	Adenet Bailleul.
Jeh. du Bois.	Villot de Ronteval.
. . . .	Jean des Essarts.
Ramage de Boffles.	. . . .
. . . .	Guille de Gonneville.
Jehan de Moliens.	. . . .
. . . .	Robin de Bergues.
Perceval de Hézecques.	Simonet de Bergues [1].
Desré de Flixicourt.	. . . .
. . . .	

153. — La reveue de Jehan le bastard de Bournonville, escr, cappne du chastel de Fiennes et ung aultre escr de sa comp., reveue aud. lieu le pmier jour de juing lan MIL CCC IIIIxx xvi.

Led. Jehan.

Eustace Lucas, à demy paie.

154. — Revue du même, exactement semblable à la précédente. — 1er novembre 1396 [2].

(1) Clairambault, vol. 20.
(2) Cartons du Cabinet des Titres.

155. — Mess. Jehan de BOURNONVILLE, chevalier. (Montre de Raoul de Gravières, chevalier, du 15 mai 1597) [1].

BOURS.

156. — Arnoul de BOURS, écuyer. (Montre de Gilles de Chin, chevalier, du 1er août 1380) [2].

BOUTEILLER.

157. — Adam le BOUTEILLER, du bailliage de Senlis, confesse avoir reçu de François de Lospital, clerc des arbalétriers, 24 livres 16 sols tournois pour les gages de lui et de 7 écuyers. — St-Quentin, 10 octobre 1339).

> (Sceau en cire rouge. Écu seul, écartelé. Le 1er quartier porte un lion. Légende brisée. Mauvaise conservation).

158. — Guiot le BOUTEILLER, écuyer, a reçu de François de Lospital, clerc des arbalétriers, 48 sols tournois pour lui et 3 écuyers. — St-Quentin, 16 octobre 1339.

> (Sceau en cire rouge. On ne distingue plus qu'un écu écartelé).

159. — Guy le BOUTEILLER, chevalier, a reçu de Jehan du Change, trésorier des guerres, 295 livres 11 sols 6 deniers tournois pour lui et 4 écuyers servant « en

---

(1) Clairambault, vol 55

(2) Idem, vol. 32.

la bataille du duc de Normandie, » en Flandres et Hainaut. — Paris, 23 décembre 1340.

> (Sceau en cire rouge. Ecu seul, écartelé. Mauvais état, très-effacé).

160. — Quittance du même au même de 40 livres 8 sols 6 deniers tournois... , etc... (Comme ci-dessus). — Paris, 16 décembre 1342.

> (Très-petit sceau en cire brune. Ecu écartelé. Le heaume est surmonté pour cimier d'une tête de cerf. Supports, deux lions assis. Légende effacée).

161. — La monstre Pierre le BOUTEILLER et vi escuiers de sa comp., receus aux gages du roy n͠rs. à St Jeh. d'Ang͠li le p͠mier jour davril lan MIL CCC LI.

Led. Pierre,	cheval bay estèle au front.
Richardin le Clerc,	ch. tout morel nar. fendues.
Jehan d'Amiens,	ch. grys pomelé.
Robinet le Breton,	ch. bart.
Jehan de Gans,	ch. rouge bay.
Hanequin Lalemant,	ch. fauve raie noir sur le dos.
Périnet de Rogy,	ch. brun bay.

162. — Guillaume le BOUTEILLER, écuyer, a reçu de Jacques Renart, trésorier des guerres, 90 livres tournois pour lui et 5 écuyers servant en Limousin et Angoumois sous mess. Louys de Sancerre, maréchal de France. — 14 août 1376.

> (Sceau en cire rouge. Ecu écartelé. Heaume. Cimier, une tête d'homme posée de profil. Supports, deux lions assis. Légende effacée.)

163. — Quittance du même au même de 46 livres tournois pour lui et 3 écuyers servant, etc... (comme ci-dessus). — Bourges, 29 octobre 1376.

(Le sceau manque.)

164. — Quittance du même au même de 60 livres tournois, pour lui et 3 écuyers, etc. (comme ci-dessus). — 14 janvier 1376.

(Sceau en cire rouge. Le même qu'au n° 162... égale conservation.)

165. — Guillaume le BOUTEILLER, écuyer, a reçu de Pierre Gauchon, trésorier des guerres, 184 livres tournois pour lui, 2 chevaliers bacheliers et 9 écuyers de sa compagnie servant en Limousin et Angoumois sous le M^{al} de Sancerre. — 26 mars 1378.

(Sceau en cire rouge. Le même qu'au n° 162.. même conservation.)

166. — La reveue de Guille le BOTILLER, escuier, de deux chīrs bachīrs et de nuef aut. escrs de sa chambre, reveuz à Coignac, le xiiie jour de fevrier lan mil CCC LXXVIII [1].

Led. Guille.	Guillot de Tillies.
Mess. Heustasse du Port.	Guille Poitevin.
Mess. Guille de Bignat.	Peloqn. Davort.
Jehan de Btaigne.	Jehan Guibert.
Rase Rabeau.	Hug. du Liège.
Jehan de Tillies.	Jaqmart le Dart.

[1] Clairambault, vol. 20.

BOUTERY.

167. — Jehan Boutery, chevalier, confesse avoir reçu d'Étienne Braque, trésorier des guerres, 30 livres tournois pour lui et 2 écuyers de sa compagnie servant en Ponthieu sous mess. Guy de Saucourt, chevalier, gouverneur dud. Ponthieu. — 6 février 1369 (1).

(Sceau en cire rouge, très-petit. Écu seul, chargé de 3 bouteilles, 2 et 1 ; tout le reste est brisé.)

168. — La monstre de mess. Jehan Boutery, chl̃r, et deux escuiers de sa comppaignie, receuz à Abbeville, le ixe jour de décembre lan mil ccc lxix soubz Mons. Guy de Saucourt, chl̃r, et soubz le gouṽnem̃t de de Mons. le comte de St.-Pol.

Led. mess. Jehan Boutery, ch. bay.
Pierre Boutery, ch. g̃s.
Jehan du Bos, ch. morel.

169. — Jehan Boutery, chevalier, sire de Hupy-à-Latre, a reçu d Étienne Braque, trésorier des guerres, 30 livres tournois pour lui et deux écuyers de sa compagnie. — Abbeville, 14 décembre 1369.

(Sceau en cire rouge. Ecu seul, portant 3 bouteilles, 2 et 1, placé au centre d'une espèce d'étoile très-ornée et très-finement gravée)

170. — La montre mess. Jehan Boutery, chl̃r et quatre escuiers de sa comp., receue au Pont-de-Mer, le p̃mier jour de may de lan m. ccc lxxviii.

(1) Clairambault, vol. 21.

Ledit chlr.   Hérouart de Belleperche.

ESCUIERS.   Jehan Marchis.

Jeh. Boutery.   Baudet Huet.

171. — Jehan Boutery, chevalier, a reçu d'Étienne Fonicant, receveur des aides à Lisieux, 90 francs d'or pour lui et 4 écuyers de sa compagnie, servant au siége de Pont-Audemer, sous Jehan de Vienne, amiral de France. — 20 mai 1378 [1].

(Le sceau manque.)

172. — Pierre Boutery, écuyer. (Montre de Lancelot de Bières, chevalier, du 1er février 1378).

BUIGNY.

173. — Jehan de Buigny, sergent à pied du guet de nuit de la ville de Paris, donne quittance à Guillaume Amé, receveur de Paris, de 7 livres 10 sols parisis qu'il reçoit pour ses gages du terme de l'Ascension. — 31 août 1396.

(Sceau en cire rouge. Complètement brisé).

(1) Cartons du Cab. des Titres.

ℭ.

CALONNE.

174. — Jehan CALONNE , écuyer, capitaine du fort d'Alle-
quinnes , a reçu de Pierre Chanteprime , trésorier
des guerres , 45 francs d'or et 20 sols tournois pour
lui et 2 écuyers de sa compagnie servant à la défense
dudit fort, sous Mess. de Sempi , gouverneur général de Picardie. — Montreuil , 2 avril 1355.

> (Sceau en cire rouge. Ecu placé au centre d'une étoile
> et portant une aigle éployée, et une bande sur le
> tout. Légende : « *S. Jehan Calonne.* »)

175. — Quittance du même au même , de 45 livres tournois..., etc... (Comme ci-dessus). — 26 août 1376.

> (Même sceau que ci-dessus , en cire rouge).

176. — Quittance du même au même , de 45 livres tournois..., etc... (Comme au nº 174. — 2 janvier 1376.

> (Même sceau, en cire rouge. Même état de conser-
> vation).

177. — Quittance du même au même , de 42 francs d'or,

pour lui, 1 écuyer et 3 arbalétriers de sa compagnie... etc... (Comme au n° 174). — 15 mars 1376.

(Même sceau en cire rouge).

178. — Jehan CALONNE, écuyer, capitaine de l'abbaye de Lisques, a reçu de Jehan Coquet, receveur g^al, à Reims, de l'aide pour la guerre, 145 francs d'or pour lui, 2 écuyers et 8 archers de sa compagnie servant à la garde de ladite abbaye sous Mons. de Sempi. — 1er décembre 1382.

(Sceau en cire rouge. Ecu seul, chargé d'une aigle éployée et d'une bande sur le tout. Légende : « S. Jehan Calonne. » — Bonne conservation).

179. — Rifflart de CALONNE, chevalier, a reçu de Guillaume d'Enfernet, trésorier des guerres, 110 francs d'or pour les gages de lui, 1 chevalier, 11 écuyers et 14 archers de sa compagnie, servant « en la présente chevauchée ou pays de Flandres. — 10 septembre 1383.

(Sceau en cire rouge. Ecu à un léopard. Heaume, dont le cimier est un léopard entre deux cornes. Pas de supports. Légende brisée).

180. — La reveue de Boit CALONNE, esͨr et nuef aut esͨrs de sa comp., reveuz à Gravelingues, le pͫier jour de may lan ᴍ ᴄᴄᴄ ıııˣˣ et sis.

Led. Boit.	Oste de Warnez.
Le bastard de Rely.	Gillay d'Estanville.
Gallet Dautin.	Jehan Robert.
Hanotin de Huguethun.	Franç. de le Nest.
Gillet de Riquebourg.	Hanequin Pallart.

181. — Quittance de Boit CALONNE à Guillaume d'Enfernet, trésorier des guerres, de 135 livres tournois pour lui et 9 écuyers de sa compagnie, servant à la garde de Gravelines. — 4 juin 1386.

(Sceau en cire rouge. Petit. — Écu à l'aigle éployée, à une bande brochant sur le tout. Légende brisée).

182. — Boit CALONNE, écuyer, a reçu de Guillaume d'Enfernet, trésorier des guerres, 135 livres tournois pour lui et 9 écuyers de sa compagnie, servant en Flandres, sous Mess. de Sempy. — 30 septembre 1386 [1].

(Sceau en cire rouge. Le même que ci-dessus. Légende brisée).

183. — Boit CALONNE, écuyer. (Montre de Bord de Ver, 1er janvier 1380) [2].

184. — La monstre de Boit CALONNE, escr et un aut escr de sa comp., revus à Ardre, le pmier jour de fevr. lan M CCC IIII^{xx} et sept.

Led. Boit.
Lorens de Bonnighuiez.

185. — Jehan CALONNE, écuyer, capitaine de l'abbaye de Lisques, a reçu de Guillaume d'Enfernet, trésorier des guerres, 145 livres tournois pour les gages de lui et 2 écuyers de sa compagnie, servant à la garde

(1) Clairambault, vol. 25.
(2) Idem., vol. 111.

de la Picardie sous Mess. de Saveuses.— 27 octobre
1387.

> (Sceau en cire rouge. Écu à l'aigle éployée, et une
> bande brochant sur le tout; l'écu placé dans
> une sorte d'étoile très-ornée. Légende: « *Jehan
> Calonne.* » — Bien conservé).

186. — Quittance de Jehan CALONNE , dit Boit , écuyer , à
Guillaume d'Enfernet, trésorier des guerres , de 145
livres tournois pour lui et 2 écuyers de sa compagnie
servant à la garde de la Picardie , sous Mess. de Saveuses. — 27 octobre 1387.

> (Sceau en cire rouge. Le même que ci-dessus).

187. — La monstre de Jehan CALONNE, escr, capit. de
l'abb. de Lisques , et deux aut. escrs de sa comp.,
reveuz aud. lieu, le p̃mier jour de juing lan MIL CCC
IIII^{xx} et sept.

Ledit Jehan.

Jacot Sallomon.

Thom. du Puch.

188. — Quittance de Jehan CALONNE , dit Boit , écuyer ,
à Guillaume d'Enfernet , trésorier des guerres , de
30 livres tournois pour lui et 2 écuyers de sa compagnie servant en Picardie sous Mess. de Saveuses.
— St-Omer , 27 mai 1388 [1].

> (Sceau en cire rouge, exactement semblable, même
> comme conservation, au n° 185).

189. — La monstre Jehan CALONE , escuier, cap̃pne de

[1] Clairambault, vol 25.

labbeye de Lisques et ung aut. escr de sa comp.,
receue aud. lieu le pmier jour de may lan M. CCC IIII^{xx}
et seize.

Led. Jehan.

Jehan Flour, à demy paie.

190. — Deux autres montres du même, exactement sem-
blables à la précédente. — 1er juin et 1er novembre
1396 [1].

CAMBRAY.

191. — Quittance de Fraalin de CAMBRAY, à Guillaume
d'Enfernet, trésorier des guerres, de 1118 livres
tournois, pour les gages de lui et 35 écuyers de sa
compagnie..... (le reste est illisible). — Arras, 22
avril 1385.

(Sceau en cire rouge. Écrasé.)

192. — Adam de CAMBRAY, conseiller du roi et du régent
du royaume, le dauphin de Viennois, a reçu de
Guillaume Chartier, commis à la recette des finances,
80 livres tournois pour voyages faits par lui en Bre-
tagne. — 8 mars 1419.

Signé : CAMBRAY.

(Sceau en cire rouge. Complètement effacé.)

193. — Adam de CAMBRAY, président au Parlement, a
reçu de Jehan Tannier, receveur g^{al} de l'aide, 100

(1) Cartons du Cab. des titres.

livres tournois pour « ung certain voiage qu'il a faict. » — 14 juillet 1423[1].　　Signé : CAMBRAY.

(Le sceau manque.)

CAMPAGNE.

194. — Colars de CAMPAGNE, écuyer, du bailliage de Vermandois, confesse avoir reçu de Guillaume de Milly..... les gages de Monseigneur Henry de CAMPAGNE, son frère, pour son service en Flandres..... Arras..... (Vers 1300. — Pièce fort endommagée par l'humidité.)

(Fragment informe de sceau en cire brune.)

195. — La reveue de Aléaume de CAMPAIGNES, escr et de trente six aut. escrs et quarante archiers de sa comp., revuz en lost dud. sgr devant Bourges, le xxiie j^r de juing m ccc iiii^{xx} deux.

Led. Aléaume.	Colin d'Abbeville.
Colart du Quesnoy.	Jehan de Chepy.
Ginet d'Ongnies.	. . . .
. . . .	Waudripont.
Ernoul de Gouy.	ARCHERS.
Jehan de Gouy.	Protin le Vasseur.
Jaquart Hanicque.	Jeannet le Prévost.
. . . .	. . . .
Guille du Fay.	Le Begue de Lihus.
Jacot de Contes.	. . . .
. . . .	

(1) Clairambault, vol. 25.

196. — Arnault de CAMPAGNE, baron dudit lieu, lieutenant de la compagnie d'hommes d'armes de Mr de Bois-jourdan, a reçu 270 livres 10 sols pour ses gages du trimestre de juillet, août et septembre. — 1er août 1570 [1]. Signé : De CAMPAGNE.

(Sceau plaqué recouvert de papier et indechiffrable.)

CAMPDAVÈNE.

197. — Tristan CANDAVÈNE, du bailliage d'Amiens, a reçu de François de Lospital, clerc des arbalétriers, 25 livres tournois pour lui et 2 écuyers de sa compagnie. — St.-Quentin, 21 octobre 1329.

(Le sceau manque.)

198. — Quittance du même au même, de 20 livres tour-nois, etc... (comme ci-dessus). — St.-Quentin, 28 octobre 1339.

(Sceau en cire rouge, très-petit. Ecu seul, à 3 gerbes, 2 et 1, et un écusson en abime. Légende brisée. — Le sceau est en très-mauvais état.)

199. — Tristan CANDAVÈNE, écuyer, a reçu de François de Lospital, clerc des arbalétriers, 18 livres tournois pour « ses gens darmes desservis en lost de Buiron-fosse. » — 21 janvier 1341 [2].

(Sceau en cire rouge. Le même que ci-dessus et en aussi mauvais état.)

200. — Quittance de Robert CHAMPDAVEINE, écuyer, à Jehan

(1) Clairambault, vol. 25
(2) Idem, vol. 25,

Chauvel, trésorier des guerres, de 46 sols 10 deniers pour lui et 1 écuyer de sa compagnie, servant en Normandie sous Arnoul, sire d'Audeneham, maréchal de France. — Pontorson, 30 juin 1354.

> (Sceau en cire rouge, petit. Ecu seul, chargé d'un sautoir accompagné de 4 merlettes et en chef d'un lambel de 3 pièces. Légende brisée.)

201. — Quittance du même au même, de 18 livres 10 sols, etc... (comme ci-dessus). — 23 août 1354 [1].

> (Sceau en cire, le même que ci-dessus. Même conservation.)

CAMPREMY.

202. — Eustace, seigneur de CAMPREMY, chevalier, confesse avoir reçu de Barthélemy du Drach, trésorier des guerres, ... pour lui et 7 écuyers de sa compagnie....... (Pièce endommagée par l'humidité). — Amiens, 16 décembre 1340.

> (Sceau en cire rouge. Écu seul chargé d'une bande accompagnée de 6 merlettes, 3 en chef, 3 en pointe. Toute la légende est brisée, et le sceau est très-endommagé sur les bords.)

203. — Eustace, sire de CAMPREMY, chevalier, a reçu de Nicolas Odde, trésorier des guerres, 60 livres tournois pour les gens d'armes de sa compagnie, servant

(1) Clairambault, vol. 27.

sous le grand-maître des arbalétriers. — Chartres,
28 août 1351.

> (Très-joli sceau en cire rouge. Ecu chargé d'une
> bande et de 6 merlettes. Heaume dont le cimier
> est une tête d'oiseau. Il est accosté des deux lettres
> V P, couronnées et placées sur le champ du sceau.
> Pas de supports. Légende brisée.)

204. — Eustasse, sire de CAMPREMY, chevalier, confesse
avoir reçu de Jehan le Flament, trésorier des guerres,
76 livres 6 sols tournois pour les gages de lui, 1 chevalier et 6 écuyers de sa compagnie, servant « es-
dittes guerres » sous Jehan de Clermont, sire de
Chantilly, Mᵃˡ de France. — 12 juin 1355.

> (Sceau en cire rouge. Écu seul, chargé d'une bande
> et de 6 merlettes, 3 en chef, 3 en pointe. Tout le
> reste est brisé. Mauvais état.)

205. — Eustace, sire de CAMPREMY, chevalier, donne
quittance à Jehan Chauvel, trésorier des guerres, de
225 livres tournois pour lui, 1 chevalier et 8 écuyers
de sa compagnie, servant en Normandie et en Bre-
tagne sous le dauphin de Viennois. — Rouen, 13 juin
1355.

> (Sceau en cire rouge. Écu chargé d'une bande et de 6
> merlettes. Heaume. Tout le reste est brisé.)

206. — Quittance de Morelet de CAMPREMY, chevalier, à
Jehan le Flament, trésorier des guerres, de 150 livres
tournois, gages de lui, 1 chevalier, et 6 écuyers de
sa compagnie, servant en Picardie et Flandres sous
l'amiral de France. — 30 juillet 1383.

> (Sceau en cire rouge. Ecu seul à une bande et 6 mer-
> lettes, brisé d'un écusson sur la bande. Légende
> entièrement brisée.)

207. — La monst. de mess. Morelet de CAMPREMY, chlr et
11 escrs de sa comp., reveuz à Amiens, le XXIIIe jour
de juillet l'an mil CCC IIII^{xx} et sept.

> Led. mess. Morelet.
>
> Ridel Cousin.
>
> Jehan du Croc.

208. — Quittance donnée par Jehan de CAMPREMY, dit Morelet, chevalier, à Guillaume d'Enfernet, trésorier
des guerres, de 60 livres tournois pour lui bachelier
et 2 écuyers de sa compagnie, servant aux frontières
de Picardie sous Mons. de Sempy. — St.-Omer, 24
septembre 1387 [1].

> (Sceau en cire rouge. Ecu à une bande et six mer-
> lettes ; heaume, cimier une tête d'oiseau dans
> un vol. Pas de supports. Légende brisée)

CANCHY.

209. — Marcel de CANCHY, du bailliage d'Amiens, a reçu
de François de Lospital, clerc des arbalétriers, ce
qui lui restait dû de ses gages pour son service « en
le derain ost. » — 24 octobre 1339 [2].

> (Le sceau manque.)

(1) Clairambault, vol. 25.
(2) Idem, vol. 25.

CAULAINCOURT.

210. — Gauvain de Caulaincourt, écuyer. (Montre de Guérard de Tartery, chevalier, du 1ᵉʳ septembre 1380) [1].

CAYEU.

211. — Quittance donnée par Mahieu de Caieu, chevalier, à François de Lospital, clerc des arbalétriers, de 6 livres tournois pour les gages de Pierre de St.-Remy, Jehan Malet et Hue de Longuet, qui servent « es pñtes guerres. » — 19 octobre 1339.

> (Sceau en cire brune, très-écrasé. On ne distingue plus que l'écu qui porte une croix ancrée, et la moitié du heaume)

212. — Jehan de Caieu, sire de Vime, chevalier, a reçu de Jehan le Flament, trésorier des guerres, 84 livres tournois pour lui, 1 chevalier et 8 écuyers de sa compagnie, servant en Picardie sous Mess. de Coucy. — Abbeville, 5 juillet 1380.

> (Sceau en cire rouge. Ecu seul, chargé d'une croix ancrée. Légende brisée. Très-mal conservé.)

213. — La reveue de mess. Jehan de Caieu, s. de Vime, chñr, un autre chñr et huit escrs de sa comp., reveuz à Amiens, le xixᵉ jour de juillet lan m. ccc. quattre vins.

---

(1) Clairambault, vol. 105.

Mess. Jehan.	Jehan de le Cauchie..
Mess. Guill. de la Neuville.	Jehan de Ponlchoy.
Regnault de Belleperche.	Adam de Fretemeules.
Raoul de Belleperche.	. . . . de Monceaulx.
Jehan le Baille.	. . . . . . Bournel.

214. — Jehan de CAIEU, sire de Vime, chevalier, a reçu de Jehan le Flament, trésorier des guerres, 72 livres tournois, pour lui, 1 chevalier et 8 écuyers de sa compagnie, servant en Picardie sous Mons. de Coucy. — Hesdin, 20 juillet 1380.

(Sceau en cire rouge. Le même qu'au n° 212.)

215. — Jehans de CAYEU, syre de Vyme, chevalier, « esleu seul en Ponthieu sur les aides ordenés pour le fait de la guerre » a reçu de Colart Le Caron, receveur des aides, 100 francs d'or pour ses gages de l'année précédente. — 20 mars 1382.

(Sceau en cire rouge. Ecu chargé d'une croix ancrée. Heaume, le cimier brisé. Supports, 2 lions
assis. Légende brisée.)

216. — Quittance donnée par Jehan de CAYEU, chevalier, à Jehan le Flament, trésorier des guerres, de 75 livres tournois pour les gages de lui et 7 écuyers de sa compagnie, servant en Flandres sous Mons. de Coucy. — 31 août 1383.

(Sceau en cire rouge. Ecu seul, à une croix ancrée. Légende : « Scel Jehan..... »)

217. — Jehan de CAYEU, chevalier, a reçu de Jehan de Pressy, trésorier des guerres, 712 livres 10 sols tournois pour lui, chevalier bachelier, 2 chevaliers ba-

cheliers , 38 écuyers et 7 archers de sa compagnie ,
servant aux présentes guerres sous le duc de Bar.
— 17 mai 1419 [1].

> (Sceau en cire rouge. Écu seul, à une croix ancrée.
> Légende : « *S. Je... de Caieu.* »)

CHAMBLY.

218. — Guillaume de CHAMBLY, chevalier, donne quittance à Jéhan Chauvel, trésorier des guerres , de 90 livres tournois pour les gages de lui, 1 chevalier bachelier et 4 écuyers de sa compagnie, servant en Picardie sous le Roi de Navarre. — Amiens , 16 août 1352.

> (Sceau en cire rouge. Écu portant 3 coquilles , 2
> et 1. Le heaume, recouvert d'un mantelet, a son
> cimier brisé. Pas de supports. Légende brisée.)

219. — Philippe de CHAMBLY, dit Ernauton, chevalier, a reçu de Jehan Chauveau , trésorier des guerres, 375 livres tournois pour lui et les hommes d'armes de sa compagnie. — 15 mai 1355.

> (Sceau en cire rouge, en très-mauvais état. Sur
> l'écu, brisé aux deux tiers , on distingue le sommet de deux coquilles et un lambel en chef.)

220. — Jehan de CHAMBLY, dit le Haze , chevalier, maître d'hôtel du Roi , « comis à recevoir les monstres des gens darmes , archers et arbalsrs » a reçu d'Étienne

Braque, trésorier des guerres, 30 francs d'or qui lui étaient dus pour ses gages. — 23 janvier 1370.

(Petit sceau en cire rouge, très-simple. Ecu seul, à 3 coquilles, 2 et 1 et un lambel en chef. Légende effacée.)

221. — Quittance donnée par Charles de CHAMBLY, chevalier, chambellan du Roi, à Guillaume Amé, receveur de Paris, de 42 livres 12 sols tournois qui lui étaient dus. — 27 août 1397.

(Sceau en cire rouge. Mauvais état. Ecu à 3 coquilles. Le cimier du heaume et la légende sont brisés. Pas de supports.)

222. — La monstre de Jehan de CHAMBLY, escr, et de XIII aut. escrs de sa comp., reveuz à Chastillon-sur-Loing, le XVIᵉ jour de juillet de lan MIL CCCC XII.

Led. Jehan de Chambly.	Pierre de Villebron.
Pierre le Normand.	Pierre du Buisson.
Guille de Villarsçau.	Longuetot.
Louys Garnier.	Jehan des Roises.
Enguerran Cadot.	Pierre de la Roue.
Jehan le Buffle.	Jacques Lalement.
Guillaume Despinau.	Leraut le Dur.

223. — Quittance donnée par Jehan de CHAMBLY, écuyer, à Marc Héron, trésorier des guerres, de 44 livres 10 sols tournois, gages de lui et 10 écuyers de sa compagnie, qui servent sous le comte de Vendôme. — Rouen, 5 oct. 1415 [1]. Signé : J. DE CHAMBLY.

(Charmant petit sceau en cire rouge. Ecu à 3 coquilles. Heaume, cimier une queue de paon. Pas de supports. Légende : « Jehan de Chambly. » Relief très-prononcé, bien conservé.)

[1] Clairambault, vol. 27.

CONTY.

224. — Jehan, seigneur de CONTY, chevalier, a reçu de Jehan le Flament, trésorier des guerres, 180 livres tournois pour lui, 1 chevalier et 8 écuyers de sa compagnie, servant en Picardie et en Flandres sous l'Amiral de France. — 30 juillet 1383.

> (Beau sceau en cire rouge. Ecu chargé de 3 lions passants, couronnés, et d'une bordure dentelée. Le heaume a pour cimier une tête de lion. Supports, deux lions. Légende brisée.)

225. — Manassès de CONTY, chevalier, a reçu de Guillaume d'Enfernet, trésorier des guerres, 90 livres tournois pour lui, 2 chevaliers et 12 écuyers de sa compagnie, servant en Flandres contre les Anglais, sous le duc de Bourbon. — 31 août 1383.

> (Sceau en cire rouge. Ecu seul chargé de 3 lions passants, couronnés, et d'une bordure dentelée. Légende brisée. — Médiocre conservation.)

226. — Jehan, seigneur de CONTY, chevalier, dit Maillart, a reçu d'Arnoul le Boucher, trésorier des guerres, 120 francs d'or pour les gages de lui, 1 chevalier et 4 écuyers de sa compagnie, servant au Mans sous le duc de Bourbon. — Le Mans, 9 août 1392 [1].

> (Sceau en cire rouge. Ecu chargé de 3 lions passants, couronnés, et d'une bordure dentelée. Supports, 2 lions assis. Le cimier du heaume et la légende sont brisés. — Médiocrement conservé.)

[1] Clairambault, vol. 34.

COQUEREL.

227. — Warmont de COQUEREL, châtelain et garde du scel,
à Abbeville, a reçu de Jehan Gorre, receveur en
Ponthieu, 24 sols parisis pour dépenses par lui faites
à cause de l'exécution de plusieurs malfaiteurs. —
Abbeville, 24 mai 1397.

(Fragment informe de sceau en cire brune.)

COUCY.

228. — Manecier de COUCY, chevalier, a reçu d'Étienne
Braque, trésorier des guerres, 22 livres 10 sols tournois pour lui, 1 chevalier et 1 écuyer servant sous
lui dans la compagnie du comte d'Eu. — Rouen,
4 août 1369.

(Sceau en cire rouge. Ecu seul, complètement effacé.)

229. — Quittance donnée par Anguerrant, sire de COUCY,
chevalier, à Jacques Renart, trésorier des guerres,
de 225 livres tournois pour lui banneret, 2 chevaliers
bacheliers et 7 écuyers, servant en Champagne
contre les « routiers. » — Reims, 3 mars 1375.

(Sceau en cire rouge, d'une forme très-rare et très-
curieuse. Il représente un chevalier armé de
toutes pièces, debout, s'appuyant de la main
droite sur une lance et de la main gauche sur
un écu écartelé : au 1er et 4me 3 fasces de vair,
au 2me et 3me une fasce. Légende brisée.)

230. — Le même a reçu de Jehan de Lyons, maître de

l'artillerie du Roi, 4,000 Bretons que le Roi lui donne
pour mettre en garnison dans les châteaux et forte-
resses du dit seigneur. — 29 décembre 1376.

(Sceau en cire rouge. Le même que ci-dessus, mais
moins bien conservé.)

231. — Enguerrant, sire de Coucy et comte de Soissons,
chevalier, donne quittance à Jacques Stançon, receveur de Laon, de 300 francs d'or. — 2 juillet 1379.

(Sceau en cire rouge. Le même qu'au nº 229, excepté
que le champ dudit sceau est semé de couronnes.
Même conservation.)

232. — La reveue de Mess. Robert de Coucy, sire de
Pinon, chr banneret, et huit escuiers de sa compaignie, reveuz à Arras le pmier jour daoust, l'an
mil ccc iiii^{xx}.

Led. mess. Robt bannt.	Guiot Goffier.
Symon de Margival.	Simonet de Droitecourt.
Hardy de Faverolles.	Jehan Poulain.
Baudon de Courtement.	Buart de le Mote.
Jehan de Mersaut.	

233. — Robert de Coucy, sire de Pinon, chevalier, a reçu
de Jehan le Flament, trésorier des guerres, 70 francs
pour lui banneret, 1 chevalier bachelier et 8 écuyers,
servant en Picardie sous Mgr de Coucy. — Hesdin,
2 août 1380.

(Sceau en cire rouge. Ecu écartelé, au 1er et 4me 3
fasces de vair; au 2me et 3me une fasce. Supports,
deux griffons. Le heaume, le cimier et la légende
sont brisés.)

234. — Enguerran, sire de Coucy, a reçu de François.....
(arraché)....., receveur des aides ordonnés pour la
guerre, 500 francs d'or que le Roi lui donne pour
« estre de son conseil et de l'expédition de ses be-
songnes. » — 12 août 1380.

(Sceau en cire rouge. Le même qu'au n° 229. Même
état de conservation.)

235. — Enguerrant, sire de Coucy, comte de Soissons, a
reçu de Jehan le Flament, trésorier des guerres,
1,395 francs d'or pour lui banneret, 3 chevaliers bacheliers et 43 écuyers de sa compagnie, servant
sous le duc de Bourgogne. — Chartres, 6 septembre
1380.

(Sceau en cire rouge. Le même qu'au n° 229)

236. — La reveue de Mess. Enguerrant, sire de Coucy,
conte de Soyssons, chlr bant, capit. et chief de certain nombre de gens d'armes, deux auts chlrs bachlrs
et quarante troiz escrs de son hostel et comp., reveuz
à Hesdin le XIXᵉ jour de juillet, l'an M. CCC quatre vins.

Led. mess. Enguerrant, bannt.	Pousselet le Galois.
	Le bastard de Coucy.
Mess. Gilles, sire de Bel-lette.	Henry Cretet.
	Willeame de Burelles
Mess. Jehan de Clermont.	Jehan Gourle.
Escrs.	Rassequin le Béhaignon.
Bidaut de Cais.	Rasse de Luycourt.
Jehan de Humont.	Henry des Barres.
Ridallet de Caix.	Jehan Stonebonne.
Jehan d'Arguies.	Jaqmart Willay.

Jehan de Belleval.

Jehan le Roy.

Symon de Noirmaisier.

Brenin de Billebeu.

Robinet le Tirant.

Jehan Daucelles.

Jehan de Belleforière.

Robesson de Brinières.

Boniface de Morez.

Hanequin du Four.

Jehan le Moine.

. . . .

Anseau le Bouteiller.

. . . .

Henry de Warledon.

Guiot de Cambray.

. . . .

237. — La reveue de mess. Raoul, dit le bastard de Coucy, escr̃, et treze escr̃s de sa comp., reveuz à Ardres, le p̃mier jour de fevrier, l'an mil ccc iiii^{xx} un.

Led. mess. Raoul.

Henry de Postes.

Oudart de Nyelles.

Rifflart de Camberonne.

Jeh. de Dieussy.

P̃hot de Dieussy.

Gombaut de Dormicourt.

Claude Lalemént.

P̃he Charopin.

Guedon de Foissacq.

Jeh. Marquet.

Herne Chaucy.

Jeh. de Pontlevesque.

Desrée de la Neufville.

238. — La monstre de mess. Enguerran, sire de Coucy, chĩr bannt̃, trois aut. bannĩs, diz ch̃lrs bachĩrs et vingt-six escuiers et onze archiers de sa comp., reveuz à Paris le xiie jour dé juing, l'an mil ccc iiii^{xx} et deux.

CH̃LRS.

Led. mons. de Coucy, bannt̃.

Mess. Jehan de Roye, bannt̃.

Mess. Hue, sire de Clary, bannt̃.

Mess. Barat, sire de la Bove, bannt̃.

6.

M. Drieu de Roye.   Guedon de Foissac.

M. Pierre de Lihus.   Henriet de Portes.

M. Jehan, sire de Fontaines. Phot de Gauchy.

M. Guille du Cauroy.   . . . .

M. Bidaut de Caix.   Jeh. de Werchin.

M. Robt de Clermont.   . . . .

M. le batard de Coucy.   Jeh. de Bucy.

M. Guy La Personne.   . . . .

M. Jehan, sire de Sepoy.   Guiot de Cambray.

M. Guerart, sire de Resi- Hutin le Blond.
gnies.   . . . .

Escrs.   Jehan de Famechon.

Le bastard du Plois.   . . . .

239. — Raoul, dit le bâtard de Coucy, écuyer, a reçu de
Mahieu de Linières, receveur g^{al} à Reims, 215 francs
d'or pour lui et 16 écuyers de sa compagnie, servant
en Picardie sous Mons. de Coucy. — Abbeville, 27
mars 1387.

> (Sceau en cire rouge. Écu seul, tout uni, à un
> canton chargé de 3 fasces de vair. Légende
> brisée.)

240. — Raoul, dit le bâtard de Coucy, écuyer, a reçu de
Mahieu de Linières, receveur g^{al} à Reims de l'aide
pour la guerre, 225 francs d'or pour lui, 1 chevalier
et 12 écuyers de sa compagnie, servant en Picardie
sous Mons. de Coucy.— Thérouanne, 23 juillet 1387.

> (Sceau en cire rouge. Écu seul soutenu par un sau-
> vage placé derrière. Le tout est très-effacé et en
> très-mauvais état.)

241. — Quittance du même au même, de 675 francs d'or, etc.... (comme ci-dessus.) — 24 septembre 1387.

(Même sceau, en aussi mauvais état.)

242. — Enguerrant, sire de Coucy, conte de Soissons, lieutenant du Roi et capitaine gᵃˡ en la province de Reims, ordonne à Mahieu de Linières, receveur de l'aide dans la dite province, de remettre chaque mois 25 francs d'or au sire de Sempy, avec lesquels celui-ci doit payer un espion qui ira « espionner les Angloys en Angleterre et dans leurs chasteaulx et forteriesses. » — Amiens, 11 novembre 1387.

(Sceau brisé.)

243. — Quittance donnée par Enguerrant de Coucy, chevalier, à Guillaume d'Enfernet, trésorier des guerres, de 682 livres 10 sols tournois pour lui bachelier, 5 autres bacheliers, 64 écuyers et 30 archers de sa chambre, qui doivent suivre en Angleterre le duc de Bourgogne. — Lille, 16 octobre 1386.

(Sceau en cire rouge. Écu seul chargé de 3 fasces de vair et d'un léopard entre les 2 premières fasces. Légende brisée. — Mauvais état.)

244. — La monstre nouvelle de Mess. Enguerren de Coucy, chlr, cinq aut. chlrs, soixante-quatre escrs et trente archrs de sa comp., reveuz à Lille le xiiᵉ jour d'octobre m. ccc iiiiˣˣ et diz.

Pᵐᴵᴱʀ.
Led. mons. Enguerren.
Mess. Raoul le bastard de Coucy.

M. Girard, sʳᵉ de Roisegnies.
M. Jehan de Diquemue.
M. Raoul de Gaignières.
M. Raoul d'Ernauston.

6*

Escuiers.	Jeh. de Fayel.
Le bastard du Ploiz.	. . . .
. . . .	Jeh. du Bois.
Anseau le Bouteiller.	. . . .
. . . .	Huet de Brancicourt.

245. — Enguerran, sire de Coucy, comte de Soissons, capitaine de la Guyenne, a reçu d'Arnoul Boucher, trésorier des guerres, 500 livres tournois pour « l'état de sa personne es p͂ntes guerres » — 8 mars 1396.

246. — Regnault de Coucy, chevalier, sire de Viney, chambellan du Roi, a reçu des maire, échevins et bourgeois de Montdidier 43 livres 6 sols tournois. — 6 février 1397.

(Fragment informe de sceau en cire rouge).

247. — Jehan de Coucy, chevalier, a reçu de Guillaume Charrier, receveur des finances, 200 livres tournois que le Régent de France, dauphin de Viennois, lui donne pour payer sa rançon aux Bourguigons. — 24 avril 1419 [1].

(Sceau en cire rouge, écu effacé. Supports : deux griffons ; légende brisée. — Très-mauvais état)

CRÉQUY.

248. — Ph. de Créki, chevalier, a reçu de Jeufroy du Bois, chanoine de Nevers, et de Guille de Milly,

(1) Clairambault, vol. 35.

27 livres 2 sols 4 deniers tournois, pour le service qu'il a fait en Flandres. — 20 octobre 1299.

> (Sceau en cire brune, écu seul, au créquier. Tout le reste est brisé. — Peu de relief).

249. — Quittance de Baudoin de CRÉQUY, chevalier, à Guillaume de Milly et Jouffroy Coquatrix, 37 livres 10 sols tournois, pour le service que lui et 3 écuyers ont fait en Flandres. — Arras, 7 septembre 1302.

> (Fragment informe de sceau en cire brune).

250. — Guillaume de CRÉQUY, doyen de Cambray, a reçu de François de Lospital, clerc des arbalétriers, 52 livres tournois, pour lui et 26 hommes d'armes de sa compagnie. — St-Quentin, 16 octobre 1339.

> (Sceau en cire brune, chargé d'une espèce d'étoile au centre de laquelle se trouve un écu seul, à un créquier).

251. — Jehan de CRÉQUY, écuyer, a reçu de Jehan Chauvel, trésorier des guerres, 10 livres tournois pour Jehan de la Folie et 7 autres archers de sa compagnie, servant en Picardie, sous le duc de Bourbon. — Arras, 20 mai 1351.

> (Sceau en cire rouge, très-grossier. Écu seul, à un créquier et une bande sur le tout. Légende brisée).

252. — Quittance donnée par Anseau de CRÉQUY, écuyer, à Jehan Chauvel, trésorier des guerres, pour lui et 1 écuyer de sa compagnie, servant en Picardie et Artois, sous le comte d'Angoulême, connétable de France. — Hesdin, 17 avril 1357.

> (Sceau en cire rouge, assez bien conservé. Écu seul, à un créquier. Légende: « S. *Anseau de Creq...* »)

253. — Enguerrand, bastard de Créquy, a reçu d'Estienne Du Cange, receveur à Amiens, 4 livres tournois pour ses gages de huit jours de service sous Mess. d'Aubigny, chevalier, capitaine de gens d'armes. — Airaines, 1er juillet 1364.

(Sceau en cire rouge. Ecu seul, à un créquier et une barre sur le tout).

254. — Quittance du même au même, exactement semblable à la précédente. — Vernon, 4 juin 1364.

(Même sceau que ci-dessus).

255. — Gadiffer de Créquy, écuyer, a reçu d'Étienne Braque, trésorier des guerres, 125 livres tournois en francs d'or, pour lui et 4 écuyers de sa compagnie servant en Picardie, sous Mons. de Sempi. — 24 février 1376.

(Sceau en cire brune. Ecu seul à un créquier. Légende brisée).

256. — La monstre de Mess. Pierre de Créquy, chlr, et neuf escuiers de sa comp., reveuz à Therouenne, le xe jour de juillet lan mil ccc quatre vins.

Led. Mess. Pre.	Martin Falot.
Guillot Days.	Ancel le Moictier.
Jehan de Remes.	Le bastard de Dampierre.
Le Begue de Vaulx.	Gauvain de Raucourt.
Jaquet de Gouy.	Camus de Liques.

257. — Pierre de Créquy, chevalier, a reçu de Jehan le Flament, trésorier des guerres, 66 livres tournois

pour lui et 9 écuyers de sa compagnie, servant en
Picardie, sous Mons. de Coucy. — 20 juillet 1380.

(Le sceau manque).

258. — La monstre de Mons. le Begue de CRÉQUY, chlr,
et nuef escuyers de sa compaignie, reveuz à Ardre,
le p̄mier jour daoust lan mil ccc quatre vins.

Led. Mons. le Begue de Créquy.	Jehan d'Estambecque.
	Nicaise le Maure.
Robert d'Yvregny.	Willam le Jomere.
Loys Platel.	Coppin de Fouquesolle.
Gillet de Norhault.	Robert dou Port.
Jehan Robert.	

259. — Le Begue de CRÉQUY, chevalier, a reçu de Jeh. le
Flament, trésorier des guerres, 110 livres tournois,
pour lui et 9 écuyers de sa compagnie, servant en
Picardie sous Mons. de Sempi. — 16 octobre 1380.

(Sceau en cire rouge, gravure grossière. Écu seul,
à un créquier. Légende brisée.)

260. — La monstre de mess. le Begue de CRÉQUY, chlr, et
neuf escuyers de sa compaignie, reveuz à Ardre, le
p̄mier jour de decembre lan mil trois cens quatre
vins.

Led mess. le Begue.	Jaques le Want.
Robin du Trenkich.	Jeh. de Créquy.
Willam le Jombre.	Nicaise le Maulbere.
Jeh. d'Estambecque.	Copin de Foucqsolle.
Castellain du Prieuré.	

261. — Jehan de CRÉQUY, chevalier, a reçu de Jehan le Flament, trésorier des guerres, 165 livres tournois pour lui, 1 chevalier et 7 écuyers de sa compagnie, servant en Picardie sous Mons. de Sempi. — St.-Omer, 4 février 1383.

> (Sceau en cire rouge. Écu seul, à un créquier et un bâton sur le tout. Grossier.)

262. — Quittance du même au même, de 125 francs d'or, etc... (comme ci-dessus). — St.-Omer, 27 mars 1383.

> (Même sceau que ci-dessus.)

263. — Quittance donnée par le Begue de CRÉQUY, chevalier, à Guillaume d'Enfernet, trésorier des guerres, de 75 livres tournois, pour lui et 3 écuyers de sa chambre, servant en Picardie — 22 mai 1386.

> (Sceau en cire rouge. Ecu seul, à un créquier. Légende brisée.)

264. — Quittance du même au même, exactement semblable à celle ci-dessus. — 12 juin 1386.

> (Même sceau, Légende : « ....n de Créq... »)

265. — Quittance du Begue de CRÉQUY, chevalier, à Guillaume d'Enfernet, trésorier des guerres, de 165 livres tournois pour lui et 9 écuyers de sa chambre, servant en Flandres sous Mons. de Sempi.— Gravelines, 2 juillet 1386.

> (Même sceau qu'au n° 263.)

266. — Jehan de CRÉQUY, chevalier, a reçu de Guillaume d'Enfernet, trésorier des guerres, 192 livres 10 sols tournois pour lui bachelier, 9 écuyers et 1 archer à

demi-paye de sa compagnie, servant à la garde de la Picardie sous Mess. de Saveuses, capitaine g^{al} dudit pays. — Therouanne, 6 juillet 1386.

(Sceau en cire rouge. Écu seul à un créquier. Tout le reste est brisé.)

267. — Regnault de CRÉQUY a reçu de...(arraché).... trésorier des guerres, 75 livres tournois pour lui bachelier, et 4 écuyers de sa compagnie, servant à la garde de la Picardie sous Mons. de Saveuses. — Thérouanne...(arraché)... 1386.

(Sceau en cire rouge, assez joli. Écu seul à un créquier, entouré de 2 branches chargées de feuillage et surmonté d'une 3e branche couchée. Légende : « ...naus de Creq... »)

268. — Enguerran de CRÉQUY, dit le Begue, chevalier, a reçu de Guillaume d'Enfernet, trésorier des guerres, 175 livres tournois pour lui bachelier, et 7 écuyers de sa chambre, servant en Flandres sous Mons. de Rambures, capitaine dudit pays. — 30 juillet 1387.

(Sceau en cire rouge. Écu seul à un créquier. Légende : « ...eren de Crequi. »)

269. — Jehan de CRÉQUY, chevalier, a reçu de Guillaume d'Enfernet, trésorier des guerres, 105 livres tournois pour lui bachelier, et 5 écuyers de sa compagnie, servant sur les frontières de Picardie sous Mons. de Saveuses, capitaine g^{al} du dit pays. — Amiens, 20 août 1386.

(Sceau en cire rouge. Écu seul, à un créquier. Très-effacé.)

270. — La reveue de Mons. le Begue de Créquy, chlr et
huit escrs de sa comp., reveuz à Gravelinghes, le
p̄mier jour de septembre lan MIL CCC IIII ˣˣ et sept.

Led. mess. le Begue.	Le bastard d'Arras.
Lancelot Ponchin.	Colmet de Chambert.
Le bastard de Bournon-ville.	Brongniart le Canonier.
	Gillet du Molin.
Gille de Malefiance.	Ram. de Heuchin.

271. — Deux autres montres, en tout pareilles à la précédente, du 1ᵉʳ octobre et du 1ᵉʳ novembre 1387.

272. — La monstre de mess. Pierre de Crequy, chlr, un
aut. chlr et neuf escuiers de sa compaig., reveuz à
Thérouenne, le penultième jour doctobre lan MIL CCC
IIII ˣˣ et VII.

Led. mess. P̄re.	Jeh. de Renières.
Mess. Tristram d'Ailly.	Jacqueman de Buscamp.
Enguerrand de Greboval.	Le Cure d'Auxy.
Hurtaut de Senliz.	Tassan d'Allouste.
Tristran de Senliz.	Paian d'Ally.
Perceval de Hezeque.	

273. — Pierre de Créquy, chevalier, a reçu de Mahieu
de Linières, receveur des aides pour la guerre, 40
francs d'or pour huit jours de gages de lui, 1 chevalier et 9 écuyers de sa comp., servant en Picardie
sous Mons. de Coucy. — 2 novembre 1387.

(Sceau en cire rouge, assez grossier. Écu seul, à
un créquier et un franc-canton.)

274. — Jehan de CRÉQUY, chevalier, a reçu d'Arnoul Boucher, trésorier des guerres, 175 francs d'or pour lui, 1 chevalier et 5 écuyers de sa compagnie « servant à la chevauchée du Mans. » 16 aout 1392.

> (Sceau en cire rouge. Écu à un créquier. Heaume surmonté de deux cornes pour cimier. Légende : « *S. Jehan de Creki.* »)

275. — Quittance donnée par Ph. de CRÉQUY, chevalier, seigneur de Bernieulles, capitaine de 24 lances des ordonnances du Roi, de 72 livres tournois pour un trimestre de ses gages. — 20 février 1520.

> (Grand sceau plaqué, en cire rouge recouverte de papier. Écu écartelé : au 1er et 4e un créquier, au 2e et 3e 3 tierces. Le heaume a pour cimier deux cols de cygne se becquetant. Supports, deux sauvages)

276. — Quittance donnée par Jehan de CRÉQUY, chevalier, seigneur dudit lieu, Fressin et Moreuil, capitaine de 24 lances des ordonnances du Roi, de 72 livres tournois pour un trimestre de ses gages. — 21 juillet 1527 [1].

> (Même sceau que ci-dessus, excepté que l'écu ne porte qu'un créquier.)

CRÉSECQUES.

277. — Robert, sire de CRÉSECQUE, chevalier, a reçu de Pierre le Sene, receveur d'Amiens et de Ponthieu,

---

(1) Clairambault, vol. 37.

100 livres parisis que le Roi lui donne pour ses services. — 22 février 1374.

> (Petit sceau en cire rouge. Écu chargé de 3 tierces. Heaume; cimier : une queue de paon. Supports, un lion et un griffon. Légende brisée.)

278. — Quittance donnée par Jehan de CRÉSECQUE, chevalier, à Jehan le Flament, trésorier des guerres, de 42 livres tournois pour lui, 1 chevalier et 2 écuyers de sa compagnie, servant sous mess. de Coucy. — Thérouanne, 7 juillet 1380.

> (Sceau en cire rouge. Écu chargé de 3 tierces. Le heaume a pour cimier une tête d'homme de face. Supports, un griffon et un lion. Le tout très-effacé.)

279. — Jehan de CRÉSECQUE, chevalier, a reçu de Jehan le Flament, trésorier des guerres, 36 livres tournois pour lui, 1 chevalier et 2 écuyers de sa compagnie, servant en Picardie sous Mess. de Coucy.— Hesdin, 20 juillet 1380.

> (Le même sceau que ci-dessus, aussi effacé.)

280. — La reveue de Mess. Jehan de CRÉSECQUES, chlr, 1 aut. chlr et quatre escrs de sa comp., reveuz à Corbueil, le pmier jour de septembre lan mil ccc iiii^{xx} (1).

Led. mess. Jehan.	Thomas de Thiembronne.
Mess. Jéhan Boutery.	Pierre de Tilloy.
Jehan Boutery.	Guille. Louvel.

281. — Mess. Jehan de CRÉZECQUES, chevalier. (Montre de Hue du Mesnil, chevalier, du 1er septembre 1388.) (2)

(1) Clairambault, vol. 37.
(2) Idem, vol. 74.

CRESPI.

282. — Joffroy de CRESPI, écuyer. (Montre de Guillaume, bâtard de Poitiers, chevalier, du 15 décembre 1369)[1].

CROQUOISON.

283. — Quittance donnée par Jehan de CROQUOISON, écuyer, à François de Lospital, clerc des arbalétriers, du reste de ses gages pour son service « au darain host. » — St.-Quentin, 27 octobre 1339[2].

(Le sceau manque.)

CROY.

284. — Jehan de CROY, chevalier, a reçu de Jehan de Pressy, trésorier des guerres, 247 livres 10 sols tournois pour lui bachelier, et 8 écuyers de sa compagnie, servant sous le duc de Bourgogne. — 9 mai 1412.

(Sceau en cire rouge. Ecu écartelé de Croy et de Renty. Supports, deux lions debout. Cimier brisé.)

285. — Jehan, seigneur de CROY et de RENTY, chevalier, a reçu de Jehan de Pressy, trésorier des guerres, 240 livres tournois pour lui banneret, 1 chevalier

(1) Clairambault, vol. 87.
(2) Idem, vol. 37.

bachelier et 10 écuyers de sa compagnie, servant sous le duc de Bourgogne. — 9 mai 1412 [1].

> (Même sceau que ci-dessus. Cimier, une tête de chien dans un vol banneret. Légende : « *S. Jehan sire de.....* »)

(1) Clairambault, vol. 38.

D.

DESCAULES.

286. — Oudart DESCAULES, « chevalier le Roy et mestre de son hostel » a reçu du maître et garde des ports et passages de France, 249 livres 12 sols 8 deniers que le Roi lui devait. — Paris, 23 mars 1347 [1].

> (Sceau en cire rouge. Écu seul, chargé d'une bande coticée. Légende brisée.)

DEULLE.

287. — La monstre de Jehan DEULE, escr, cinq escrs de sa comp., reveuz à Arraz, le p̃mier jour daoust lan M. CCC. IIII ˣˣ.

Led. Jehan.

Guichart de Fasquelle.

Guille de Honvault.

Guille Danvin.

Francoys Dallement.

Jacotin du Val.

(1) Clairambault, vol. 40.

288. — Guillaume Deulle, écuyer, a reçu de Guillaume d'Enfernet, trésorier des guerres, 75 livres tournois pour lui et 4 écuyers servant sur les frontières de Picardie, sous Mons. de Saveuses, capitaine g^{al} dudit pays. — Amiens, 26 avril 1387.

(Sceau en cire rouge. Écu chargé d'une bande. Pas de supports. Le heaume a pour cimier une tête de bouc. Légende : « *Guillame Deulle.* » Très - joli sceau, bien conservé.)

289. — Quittance du même au même, de 67 livres 10 sols tournois, etc... (Comme ci-dessus). — 30 mai 1387.

(Même sceau qu'au n° précédent).

290. — La reveue de Guille Deulle, escr, 1 chlr et quinse escrs, dont lun est a dem. paie., rev. à Ardre le xxiiie jour daoust lan mil ccc iiii^{xx} et sept.

Led. Guille.	Anthoine de Brau.
M. Yvain de Biauval.	Brunet de Havrenas.
Le bastard des Quesnes.	Symon Darnelle.
Jehan de le Mote.	Thierry de Lannoy.
Jehan de Pois.	Thomas de Beaufou.
Jehan de Gallopuys.	Jehan Braquet.
Robert le Grant.	Troullart de Pisseleus.
Fremin de Machi.	*A dem. paie.*
Jaques de Bertangle.	Jehan du Mont, archr.

291. — Quittance donnée par Guillaume Deulle, écuyer, à Guillaume d'Enfernet, trésorier des guerres, de 218 livres tournois pour lui, 1 chevalier bachelier et 15 écuyers de sa compagnie, servant à la défense de

la Picardie sous Mons. de Saveuses. — St.-Omer,
24 août 1387 [1].

> (Sceau en cire rouge. Le même qu'au n° 288.)

———————

DOMART.

292. — Regnault de DOMART, chevalier, a reçu de Nicolas
Odde, trésorier des guerres, 90 livres tournois pour
lui, 1 chevalier et 2 ecuyers, servant contre les
grandes compagnies, en Anjou et en Touraine. —
Vendôme, 22 décembre 1368.

> (Petit sceau en cire rouge. Ecu seul, chargé d'un
> chevron accompagné de 3 merlettes. La légende
> est brisée.)

293. — Regnault de DOMART, chevalier, a reçu de Jehan
le Flament, trésorier des guerres, 66 livres tournois
pour lui, 1 chevalier et 7 écuyers, servant en Picardie sous mess. de Coucy. — Hesdin, 20 juillet 1380.

> (Le sceau manque.)

294. — Jehan, le vicomte de DOMART, écuyer. (Montre de
Jehan de Ve, chevalier, du 1er août 1380) [2].

295. — Le vicomte de DOMART, chevalier, a reçu de Jehan
le Flament, trésorier des guerres, 123 livres 15 sols
tournois pour lui, 1 chevalier, 11 écuyers et 13 ar-

(1) Clairambault, vol. 40.
(2) Idem, vol. 41.

chers de sa compagnie, servant en Flandres sous
Mons. de St.-Pol. — Amiens, 30 août 1383.

> (Sceau en cire rouge, aplati. Écu seul, chargé de
> trois épées en bande, la pointe en bas. Légende
> brisée.)

296. — La reveue de mess. Regnault de DOMART, chĩr, un
aut. chĩr et six escrs de sa compaig., reveuz à Corbueil, le p̃mier jour de septẽbre lan M. CCC IIII ˣ.

Led. mess. Regnault.	Jacob de Vaux.
Mess. Jehan de Caiz.	Lyonneau Malet.
Robert de Hangart.	Quorat de Hamelet.
Guyot des Prez.	Jehan Vaillant.

297. — Regnault, sire de DOMART, chevalier, a reçu de
Jehan le Flament, trésorier des guerres, 150 francs
d'or pour lui, 1 chevalier et 6 écuyers, servant sous
Mons. de Coucy. — Galardon, 6 septembre 1380.

> (Sceau en cire rouge. Écu seul, chargé d'un che-
> vron accompagné de 3 merlettes. Légende : « S.
> *Regnaut..... Dom...* »)

298. — Jehan, vicomte de DOMART, chevalier, a reçu de
Jehan de Pressy, trésorier des guerres, 195 livres
tournois pour lui bachelier, 1 chevalier banneret, et
7 écuyers de sa compagnie, servant sous le duc de
Bourgogne. — 12 mai 1412.

> (Sceau en cire rouge, très-effacé. On distingue à
> peine, sur l'écu qui est seul, 3 épées mises en
> bande, la pointe en bas.)

DOMPIERRE.

299. — Ethor DOMPIERRE, écuyer, a reçu de Hémon Ra-
gnier, trésorier des guerres, 150 livres tournois pour
lui et 9 écuyers de sa compagnie, servant en l'armée
« que le Roy rassemble pour remettre en son obéis-
sance le duc de Bourgongne, » sous le duc d'Orléans. — 24 avril 1414 [1].

> (Sceau en cire rouge, en très-mauvais état. L'écu
> porte une aigle éployée. Le cimier du heaume
> est brisé. Pas de supports. Légende : «.....*Dom-
> pierre.* »)

DONQUERRE.

300. — Hue de DONQUERRE, chevalier, a reçu d'Arnoul
Boucher, trésorier des guerres, 120 francs pour lui,
1 chevalier et 4 écuyers de sa compagnie, servant
sous Mons. Robert de Boissay. — Le Mans, 10 août
1392 [2].

> (Joli sceau en cire rouge, très-bien conservé. L'écu
> porte un chevron. Le heaume est cerclé d'une
> couronne fleurdelysée et sommé d'une tête de
> cheval de profil. Supports, 2 griffons. Légende :
> « *S. Hue de Donquerre.* »)

(1) Clairambault, vol. 41.
(2) Idem, vol. 41.

DORESMIEULX.

301. — La reveue de Andrieu Doresmieulx, escuier, ung
chlr bachler et dix aultres escrs de sa compaignie,
reveuz a Gravelinghes, le pmier jour davril lan M.
CCC IIII ˣˣ XIX [1].

Led. Andrieu.

Mess. de Collembert, chlr
bachlr.

Havart de Tilloy.

Pierre de Tilloy.

Martin Bacost.

N. de Moucy.

Pierre de Riencort.

Robin Ganel.

Jehan des Gdins.

Jehan Bare.

Jch. de Sainct-Georges.

(1) Cartons du Cab. des Titres.

𝕰.

ESSARS.

302. — Jaques des Essars, capitaine du pont de St.-Clou, a reçu de Jehan de Lyons, maître de l'artillerie du Roi, deux arbalètes toutes garnies, un millier de viretons et un millier de carreaux. — 4 avril 1367.

> (Joli sceau en cire brune, bien conservé. L'écu porte 3 croissants, 2 et 1. Le heaume est surmonté d'un croissant pour cimier. Supports, deux lions assis. Légende : « S. Jaques des Essars.»

303. — Quittance donnée par Anthoine des Essars, écuyer, « varlet tranchant du Roi, » à Jacques Lempereur, écuyer, échanson du Roi et garde de ses coffres, de 500 livres tournois qui lui étaient dues pour ses gages. — 9 mai 1405 [1].

> Signé : Anthoine des Essars.

> (Sceau en cire rouge. Ecu à 3 croissants. Le heaume, sommé d'un croissant, est accosté de deux bouteilles. Pas de supports. Légende brisée.)

(1) Clairambault, vol. 44

304. — Philibert des Essars, chevalier. (Montre de Jehan de Caumondel, écuyer, du 1er septembre 1380.) [1].

305. — Julien des Essars, chevalier bachelier. (Montre de Charles, seigneur de Bouville, chevalier banneret, du 23 août 1382.) [2].

306. — Quittance donnée par Anthoine des Essars, écuyer, « varlet tranchant du Roy, » à Jacques Lempereur, écuyer, échanson du Roi, de 25 livres tournois pour ses gages du mois de juin. — 23 août 1405.

> (Sceau en cire rouge; le même qu'au n° 303. Légende : « S. Anthoines........ »)

307. — Philippe des Essars, chevalier, Sgr de Thrieux, maître d'hôtel du Roi, a reçu de Jacques Lempereur, échanson du Roi et garde de ses coffres, 50 francs pour ses gages du mois d'avril. — 28 mai 1405.

> (Sceau en cire rouge, bien conservé. Ecu à 3 croissants. Heaume surmonté d'un croissant. Supports, deux lions assis. Légende : « † S. Phelippe des Essars....... de Trieux. »)

308. — Quittance du même au même, de 50 livres pour ses gages du mois de juin. — 26 juillet 1405.

Signé : Phe des Essars.

> (Le sceau manque.)

309. — Pierre des Essars, chevalier, Conseiller du Roi, grand Bouteiller de France, Prévôt de Paris et souverain Gouverneur des finances, a reçu d'Alexandre

---

(1) Clairambault, vol. 26.

(2) Idem, vol. 21.

le Boursier 3,000 francs pour une année de sa pension.
— 30 septembre 1410. Signé : Pierre des ESSARS.

> (Grand sceau en cire rouge. Écu à 3 croissants, brisé d'un lion passant, en cœur. Le cimier du casque est brisé. Supports, 2 lions passants. Légende : « S. *Pierre des.......* »

310. — Jehan des ESSARS, chevalier, seigneur dudit lieu, Conseiller et Chambellan du Roi, a reçu de Jehan Lallement, Receveur g^{al} des finances en Normandie, 2,000 livres tournois pour une année de la pension que le Roi lui donne. — 15 novembre 1484 [1].

Signé : Jehan des ESSARS.

(Le sceau manque.)

ESTOURMEL.

311. — Jehan d'ESTOURMEL, écuyer, a reçu de.........., trésorier des guerres,........ livres tournois, pour ses services « en lestablie de Mons. Jehan Sulloc, à Douay. » — 22 août 1340.

> (Pièce très-endommagée par l'humidité. Sceau en cire brune, informe.)

312. — Robert d'ESTOURMEL, chevalier, a reçu de Jehan Chauvel, trésorier des guerres, 60 livres tournois pour lui et 2 écuyers servant en Poitou sous mess. de Hangest, lieut. du Roi « esd. parties. » — 2 janvier 1361.

(Fragment informe de sceau en cire rouge.)

(1) Clairambault, vol. 44.

313. — Jehan d'Estourmel, chevalier, Sgr du dit lieu, lieutenant de la compagnie de 50 lances des ordonnances du Roi, sous la charge de Mons. de Humières, a reçu de Jacques Veau, trésorier des guerres, 182 francs 8 sols tournois pour un trimestre de ses gages. — 26 avril 1553 [1].

(Sceau plaqué recouvert de papier, portant seulement un tout petit écu chargé d'une croix engrélée.)

ESTRÉES.

314. — Pierre d'Estrées, chevalier, du bailliage d'Amiens, a reçu de Guillaume de Milly et de Geoffroy Coquatrix 37 livres tournois pour lui et 3 écuyers servant en Flandres. — Septembre 1309.

(Sceau en cire brune. Ecu seul portant une fasce et un lambel en chef, le tout en très-mauvais état.)

315. — Arnous d'Estrées, écuyer, a reçu de Pierre Remy, maître de l'hôtel du Roi, 63 livres 10 sols tournois pour Mgr Gautier d'Antoing, 3 chevaliers et 17 écuyers de sa compagnie, servant en Flandres. — .... 1313.

(Le sceau manque.)

316. — Mellin Destrées, écuyer, du bailliage de Senlis, a reçu de François de Lospital, clerc des arbalétriers, 14 livres tournois pour lui et 3 écuyers de sa compagnie. — Compiègne, 25 septembre 1339.

(Le sceau manque.)

[1] Clairambault, vol. 45.

317. — Quittance donnée par Guérard DESTRÉES, sergent
d'armes du Roi, à Jehan Chauvel, trésorier des
guerres, de 71 livres tournois pour lui et 1 écuyer
de sa compagnie, servant en Picardie sous le duc de
Bourbon. — 27 mai 1351.

> (Petit sceau en cire rouge. Écu chargé de 3 co-
> quilles. Heaume, cimier brisé. Légende brisée
> également.)

318. — Jehan d'ESTRÉES, S^gr du dit lieu, chevalier de
l'ordre du Roi, g^d maître de l'artillerie, capitaine
du Castelet, a reçu de Jehan de Baillon, trésorier
de l'épargne, 5,200 livres tournois pour sa pension
de capitaine du Castelet. — 31 janvier 1551 [1].

> (Grand sceau recouvert de papier. Écu écartelé, au
> 1er et 4me fretté, au chef chargé de 3 merlettes;
> au 2me et 3me un lion léopardé. Supports, deux
> lions debout. Le heaume a pour cimier une hure
> de sanglier. L'écu est entouré du collier de St.-
> Michel.)

(1) Clairambault, vol. 45.

𝕱.

FAY.

319. — Hue du Fay, chevalier, a reçu de Jouffroy Coquatrix 60 livres tournois pour le service que lui
et 6 écuyers ont fait en Flandres. — Arras , 9 septembre 1302.

> (Sceau en cire brune. L'écu seul est visible : il porte
> 3 quintefeuilles , 2 et 1, et un lambel en chef.)

320. — Quittance que donne Guillaume du FAY, écuyer,
du bailliage de Vermandois , à François de Lospital ,
clerc des arbalétriers , de 70 sols tournois pour le
service qu'il a fait à la dernière guerre. — St.-
Quentin , 31 octobre 1339.

> (Fragment de sceau en cire brune. Il ne reste qu'un
> coin de l'écu , sur lequel on distingue encore un
> quintefeuille.)

321. — Quittance donnée par Jehan , sire du FAY, chevalier, à Robert de Guise , receveur g⁣ᵃˡ du bailliage du
Vermandois , de 180 livres 2 sols 6 deniers tournois,
pour lui bachelier et 3 écuyers de sa compagnie.

servant au nombre des 200 hommes d'armes que le
Vermandois envoie au Roi, sous Mons. Guy de
Nesle, M^{al} de France. — Hesdin, 31 décembre 1348.

> (Sceau en cire rouge. Ecu semé de fleurs dé lis,
> placé debout dans une rosace. Légende : « *Jehan
> de Fay.* » — Bien conservé.

322. — Le même a reçu de Barthélemy du Drach, trésorier
des guerres, 18 livres tournois que Guy de Nesle,
sire de Mello, M^{al} de France, donne à lui et 1 écuyer
de sa compagnie, en sus de leurs gages. — 30 décembre 1349.

> (Sceau en cire rouge, le même que ci-dessus, mais
> d'une très belle conservation.)

323. — Jehan, sire de FAY, chevalier, a reçu de........
20 livres tournois pour.......... — 1369. (Pièce
illisible.)

> (Très-beau sceau en cire rouge. Écu semé de fleurs
> de lys. Heaume cerclé d'une couronne fleurde-
> lysée. Cimier, une tête de cygne dans un vol.
> Supports, deux sauvages à cheval sur 2 griffons.
> Pas de légende.)

324. — Etienne de FAY, chevalier, bailly de Macon, ordonne à Jean Beth, receveur du Roi, de délivrer
16 livres tournois à François de Cous, viguier de
Ste-Colombe. — 30 avril 1374 [1].

> (Le sceau manque.)

325. — Henry du FAY, écuyer. (Montre de Guillaume,
bâtard de Poitiers, chevalier, du 1er septemb. 1386.) [2]

[1] Clairambault, vol. 46.
[2] Idem, vol. 86.

FLAVY.

326. — Jehan de FLAVY, écuyer. (Montre de Jehan de Ve, chevalier, du 1er août 1380) [1].

FLÉCHIN.

327. — Boules de FLESCHIN, chevalier, a reçu de Jehan de Waissy, chevalier, garde du bailliage du Vermandois, 100 livres tournois pour son service en Flandres. — Lundi après la Chandeleur 1303.

> (Sceau en cire brune. L'écu porte un fascé de 6 pièces et un lambel en chef. Tout le reste du sceau a disparu.)

328. — Rifflart de FLESCHIN, écuyer, a reçu de Guillaume d'Enfernet, trésorier des guerres, 120 livres tournois pour lui écuyer, 1 chevalier et 6 écuyers de sa chambre, servant à la garde de la Flandres, sous Mons. de Sempi. — Gravelines, 6 juillet 1386 [2].

> (Sceau en cire rouge, bien conservé. Écu seul, portant un fascé de 6 pièces, brisé en chef, à sénestre, d'un petit écusson. Légende : « ....
> ifflar .... Fleschin. »)

(1) Clairambault, vol. 110.
(2) Idem, vol. 48.

FOLLEVILLE.

329. — Messire Jehan de FOLEVILLE , chevalier, et Regnaut de FOLEVILLE, écuyer. (Montre de Rogue de Soissons, du 3 août 1385) [1].

330. — Jehan, S^{gr} de FOLLEVILLE, chevalier, Conseiller du Roi et Garde de la prévôté de Paris, a reçu de Jehan de la Cloche, receveur de Paris, 133 francs 6 sols 8 deniers parisis, gages de son office pour le terme de l'Ascension. — 16 mai 1386.

> (Sceau en cire rouge. L'écu porte 9 lozanges, 3, 3 et 3, et un lambel en chef. Heaume ; cimier, une sirène. Supports , deux lions assis. Légende effacée.)

331. — Le même donne quittance à Jéhan de la Folie, receveur de Paris, de la même somme pour le même objet. — 26 mai 1395.

> (Sceau en cire rouge. L'écu porte 9 lozanges et un lambel en chef. Heaume ; cimier, une sirène. Pas de supports. Le champ du sceau est entièrement pointillé.)

332. — Quittance du même à Guillaume Amé, receveur de Paris , de la même somme, etc. (comme au n° 330.) — 28 mai 1396.

> (Même sceau que ci-dessus.)

333. — Regnault de FOLEVILLE, chevalier, chambellan du Roi , a reçu de Jacques Lempereur, écuyer, échanson

---

(1) Clairambault , vol. 104.

du Roi, 25 livres pour ses gages du mois d'avril. —
8 juin 1405. Signé : R. de FOLEVILLE.

> (Sceau en cire rouge, complètement effacé par le
> frottement.)

334 — Quittance du même au même, en tout pareille à
celle ci-dessus. — 9 août 1405.

Signé : R. de FOLEVILLE [1].

> (Le sceau manque.)

—————

LA FONTAINE.

335. — Estienne de LA FONTAINE, argentier du Roi, a
reçu des trésoriers de France 400 livres parisis pour
les gages de son office. — 28 mai 1349 [2].

> (Charmant sceau en cire rouge. Écu debout, chargé
> de 3 bandes échiquetées. Au-dessous sont les
> lettres M. I. surmontées d'une couronne fleurde-
> lysée. Supports, deux dragons ailés. Légende
> illisible.)

—————

FONTAINES.

336. — Prinet de FONTAINES, écuyer, a reçu de Jouffroy
Coquatrix 16 livres tournois pour lui et 2 écuyers de
sa compagnie. — 25 septembre 1302.

> (Le sceau manque.)

(1) Clairambault, vol. 48.
(2) Idem, vol. 48.

337. — Jehan de FONTAINES, chevalier, a reçu de Guillaume d'Enfernet, trésorier des guerres, 442 livres
tournois pour lui bachelier, 2 chevaliers bacheliers
et 8 écuyers de sa compagnie servant en l'armée
« qui va passer en Escoce, sous Mons. Jehan de
Vienne, admiral de France. » — L'Écluse, 8 mai
1355.

> (Sceau en cire rouge, écu chargé de cinq écussons,
> 2, 2 et 1. Le heaume a pour cimier un sauvage
> debout dans un vol. Pas de supports. Légende :
> « Jehan . . . . aines »)

338. — La monstre de Mess. Guill. de FONTAINES, chlr,
II escrs et deux archiers à cheval en sa comp., reveuz
à Caen, le xvᵉ jour de juillet 1356.

Ledit chlr, ch. blanc pomelé de gris ès fesses.
Jeh. Malfillatre, ch. blanc mouscheté.
Lorens de Gaillon, ch. rouen estelé au fronc, mer-
chié en la cuisse sénestre.

ARCHIERS.

Geoffroy Pelene.
Robin de Croizy.

339. — Jehan de FONTAINES, chevalier, a reçu de Jacques
Renart, trésorier des guerres, 180 livres tournois pour
lui, bachelier, 2 chevaliers bacheliers et 6 écuyers
de sa compagnie, servant en Champagne, sous Mons.
de Coucy. — Reims, 3 mars 1375 [1].

> (Sceau en cire rouge ; écu seul, chargé de cinq
> écussons. Légende illisible).

(1) Clairambault, vol. 48

340. — Colart de FONTAINES, écuyer. (Montre de Gilles de Chin, chevalier, du 1er août 1380) [1].

341. — Guillaume de FONTAINES, sire de la Nuefville, chevalier, a reçu de Jehan le Flament, trésorier des guerres, 105 livres tournois pour lui et 5 écuyers de sa compagnie servant en Picardie, en la compagnie de Mons. de Coucy, et sous le duc de Bourgogne. — Corbie, 3 août 1380.

> (Sceau en cire rouge. Écu chargé de trois écussons et d'une bordure dentelée. Le heaume a pour cimier une queue de paon. Pas de supports. Tout le champ du sceau est pointillé).

342. — La reveue de Mess. Jehan de FONTAINES, et sis escrs de sa comp., reveus à Corbuel, le pmier jour de septbre, l'an mil ccc quatre vins [2].

Led. Mess. Jehan.	Allardin de Goupillières.
Jehan Joly.	Daurry Desneval.
Brotard de Bruyères.	Ancelet de Langlantier.
Jehan Tatin.	

343. — Hardouin de FONTAINES, écuyer. (Montre de Pierre de Bueil, chevalier, du 1er novembre 1380) [3].

344. — Jehan, seigneur de FONTAINES, lieutenant en Picardie des maréchaux de France, a reçu de Mahieu de Linières, receveur gal de la province de Reims, 80 francs d'or pour ses gages. — 24 septembre 1381.

> (Le sceau manque).

(1) Clairambault, vol. 32.
(2) Idem, vol. 48.
(3) Idem, vol. 23.

345. — Jehan de FONTAINES, chevalier, a reçu de Guillaume d'Enfernet, trésorier des guerres, 50 livres tournois pour lui et 8 écuyers de sa compagnie servant dans l'armée réunie pour aller en Flandres, dans la compagnie du vicomte de Meaux et sous le sire de Coucy. — 31 août 1383.

> (Sceau en cire brune, mauvais état. Écu à une fasce. Heaume ; cimier, une tête de bélier. Pas de supports ; légende brisée).

346. — La reveue de Mess. Jehan de FONTAINES, chlr, ıı aut. chlrs et vı escrs de sa comp., reveuz à Édembourg en Escoce, le huictiesme jour d'aoust м ccc ıııı^{xx} et cincq.

CHLRS.	ESCUIERS.
Led. Mess. Jehan de Fon-'taines.	Godeffroy de Fontaines.
	Guyot de Warmes.
M. Perceval Denneval.	Phot Daussy.
Mess. Guy La Personne.	Arnoult de Haudechin.
	Tassart de Beaumez.
	Huet Darquinières.

347. — La reveue de Mess. Jehan de FONTAINES, chlr, et trois escrs de sa comp., reveuz à Carentan, le pmier jour d'octobre lan mil ccc ıııı^{xx} et cinq.

ET PMIER.	ESCUIERS.
Led. Mess. Jehan de Fon-taines, chlr.	Jehan de Semilly.
	Arlin Grospaing.
	Pierre Garin.

348. — Jehan de FONTAINES, chevalier, a reçu de Jehan

le Flament, trésorier des guerres, 120 francs d'or pour lui et 3 écuyers de sa compagnie servant en Normandie. — Carentan, 14 novembre 1385.

> (Sceau en cire rouge. Ecu seul chargé d'une cotice et d'un lambel en chef. Légende : « ...... *de Fontaines.* »)

349. — La reveue de Mess. Jehan, seigr de FONTAYNES, chlr, et huit escrs de sa comp., reveuz à St-Omer, le pmier jour de novembre lan M CCC IIII^{xx} et VII.

Led. seigr de Fontaynes.   Colinet de Fontaines.
Jehan de Milly.   Jehan de Limermont.
Archillot de Fontaines.   Guillot Braque.
Godefroy de Fontaines.   Jehan de le Mote [1].
Taupin de Fontaines.

350. — Baudet de FONTAINES, May de FONTAINES, Jehan de FONTAINES, écuyers. (Montre de Henry de Grochet, écuyer, du 23 janvier 1392 [2].

351. — Messire Enguerran de FONTAINES, Messire Charles de FONTAINES, chevaliers. (Montre de Raoul de Gaucourt, chevalier, du 14 août 1395) [3].

352. — Jehan de FONTAINES, chevalier, a reçu de Jehan de Pressy, trésorier des guerres, 465 livres tournois pour lui bachelier, 20 écuyers et 6 archers de sa compagnie. — 24 mai 1412 [4].

> (Sceau en cire brune, tout-à-fait effacé.)

(1) Clairambault, vol. 48
(2) Idem, vol. 55.
(3) Idem, vol. 52.
(4) Idem, vol. 48.

353. — Girart de FONTAINES, écuyer. (Montre de mess. Guillaume de Campservoux, chevalier, du 22 juillet 1415.) [1]

FOSSEUX.

354. — Gilebert, sire de FOSSEUX, a reçu de Jehan de Waissi, chevalier, bailli du Vermandois, 44 livres 9 sols tournois pour ses gages. — Le jour de la mi-carême 1304.

> (Fragment de sceau en cire brune. Il ne reste que l'écu qui porte 3 jumelles.)

355. — Quittance donnée par Jehan, S^{gr} de FOSSEUX, che-valier, à Jehan le Flament, trésorier des guerres, de 77 livres tournois pour lui, 1 chevalier et 7 écuyers de sa compagnie, servant en Picardie sous Mons. de Coucy. — 6 juillet 1380.

> (Sceau en cire rouge, très-simple. L'écu porte 3 jumelles : il est seul et accosté de 2 branches d'arbre. Légende : « *Scel Je.....* »)

356. — La reveue de mess. Jehan, seigr de FOSSEUX, chlr, un aut. chlr et sept escrs de sa compaign., revcuz à Hedin le XIXᵉ jour de juill. lan M. CCC IIII ˣˣ.

Led. seigr de Fosseux.	Gilet de Biencourt.
Mess. Jehan de Sailly.	Colinet de Fontaines.
Robert le Roux.	Archillot de Fontaines.
Sohier d'Anginan.	Guillin de Milly.
Drieux de Sailly.	

357. — Quittance de Jehan, sire de FOSSEUX, à Jehan le Flament, trésorier des guerres, de 185 francs d'or pour lui, 1 chevalier et 7 écuyers de sa compagnie, servant en Picardie sous Mons. de Coucy. — 5 septembre 1380.

(Sceau en cire rouge, le même qu'au n° 355.)

358. — Jehan, sire de FOSSEUX, chevalier, a reçu de Guillaume d'Enfernet, trésorier des guerres, 210 livres tournois pour lui, 1 chevalier et 8 écuyers de sa compagnie, servant sur les frontières de la Flandre sous le sire de Sempi. — 26 août 1386.

(Sceau en cire rouge. Ecu à 3 jumelles. Heaume; cimier brisé. Pas de supports. Légende : « . ... sire de Fosseux, chlr.)

359. — Quittance donnée par Loys de FOSSEUX, chevalier, à Jéhan de Pressy, trésorier des guerres, de 195 livres tournois pour ses gages et ceux de 8 écuyers et 8 archers de sa compagnie, servant sous le duc de Bourgogne. — 12 mai 1412,

(Sceau en cire rouge. Ecu à trois jumelles Un ange est placé derrière l'écu et le soutient dans ses bras. Légende brisée.)

360. — Philippe de FOSSEUX, dit le Borgne, écuyer, a reçu de Marc Héron, trésorier des guerres, 185 livres tournois pour lui et 18 écuyers de sa compagnie, servant contre les Anglais sous Jehan de Ligne. — 16 août 1415.

(Sceau en cire rouge, très-joli et très-bien conservé. Ecu écartelé, au 1er et 4me 3 jumelles; au 2me et 3mr un chef échiqueté de 2 traits. Le heaume a pour cimier une rencontre de cerf. Supports, 2 lions accroupis. Légende . « Phe de Fosseux, dit le Borgne »)

361. — Jacques de FOSSEUX, écuyer, a reçu de Marc Héron, trésorier des guerres, 247 livres 10 sols tournois pour lui et 23 archers à cheval, servant dans le pays de Caux, sous le sénéchal de Hainaut. — 19 octobre 1415 [1].

> (Sceau en cire rouge. Ecu seul, au chef échiqueté de 2 traits. Légende : « *Jaque de F........* »)

FRANCIÈRES.

362. — Messire Lancelot de FRANCIÈRES, chevalier. (Montre de Rogues de Soissons, du 3 août 1385) [2].

FRANQUEVILLE.

363. — Hue de FRANQUEVILLE, écuyer, a reçu de Marc Héron, trésorier des guerres, 150 livres tournois pour lui et 9 écuyers, servant sous le sénéchal du Hainaut. — 27 août 1415.

> (Sceau en cire rouge. Ecu seul chargé de 3 maillets, 2 et 1, et d'un lambel en chef. Légende : « *Scel Hue de Franqueville.* » Bien conservé.)

364. — Jehan de FRANQUEVILLE, écuyer, a reçu de Marc Héron, trésorier des guerres, 185 livres tournois pour lui et...... écuyers de sa compagnie, servant

---

(1) Clairambault, vol. 49.
(2) Idem, vol. 104.

sous le sénéchal du Hainaut. — ..... octobre 1415 [1].
(Pièce endommagée par l'humidité.)

> (Sceau en cire rouge. Ecu seul, chargé de 3 maillets et d'un lambel en chef. Le sceau est brisé du haut et du bas. Légende : « . an de... eville. »)

FRANSURES.

365. — La monstre de Mons. Jehan, sire de FRANSSURES, chr̄ bachr̄, IIII aut. chr̄s bachelers et XIIII escuiers, rev. à Dreux, le XXVIIe jour doctobre, l'an mil CCC L sept.

Led. sire de Franssures,	cheval rouen.
Mess. Flament de Franssures,	ch. griz.
Mess. Adam Devarsis,	ch. griz.
Mess. Jeh. de Denicourt,	ch. bay fendu.
Mess. Mahieu des Quesnes,	ch. morel.
Mahieu de Franssures,	ch. gris.
Gillot du Mesnil,	ch. bay.
Jeh. de Ques,	ch. gris.
Hanequin de Lubesque,	ch. roux gris.
Thomas Hery,	ch. fauve.
Boquet du Bos,	ch. hart, jamb. gr.
Tassart de Maucourt,	ch. tout noir.
Jeh. le Maire,	ch. brun bay.
Jaqs Derselet,	ch. roux gris jamb. noires.
Guille de Lescheres,	ch. noir.

Audinet du Mas,	ch. bay.
Jeh. de Brouchy,	ch. bay es^t.
Jeh. de Hourges,	ch. brun bay.
Jeh. du Breuil,	ch. fauv. rob. noire.

366. — Jehan, sire de FRANSURES, chevalier, a reçu de Jacques Lempereur, trésorier des guerres, 388 livres tournois pour lui et les gens d'armes de sa compagnie, servant sous Robert de Clermont, M^{al} de France. — Dreux, 27 octobre 1357.

> (Fragment de sceau en cire rouge, sur lequel on distingue a peine une fasce chargée de trois besants).

367. — Jehan de FRANSURES, chevalier, « commis au bailliage de Senlis, » donne quittance de 12 francs à Mahieu Abaume. — 1er août 1362.

> (Charmant sceau dont malheureusement un tiers est brisé. L'écu porte une fasce chargée de trois besants. Le heaume a pour cimier une tête d'homme barbu vu de profil. Supports : un lion accroupi, l'autre est brisé. Légende « ....*de Fransures.* »)

368. — Quittance donnée par Jehan, S^{gr} de FRANSURES, chevalier banneret, à Chrestien Du Cange, receveur d'Amiens, de 90 livres tournois pour un mois de service avec 5 chevaliers et 14 écuyers, sous Mons. d'Aubigny. — Vernon, 7 septembre 1364.

> (Sceau en cire rouge. Ecu seul, à une fasce chargée de trois besants. Légende : « S. *Jeh.... de F.......* »)

369. — Jehan de FRANSURES, chevalier banneret, a reçu de Jehan Le Flament, trésorier des guerres, 238

francs d'or pour lui, 2 chevaliers bacheliers et 9
écuyers de sa compagnie servant en Basse-Norman-
die et Cotentin, sous le sire de Coucy. — Valognes,
20 novembre 1378 [1].

(Le sceau manque).

370. — Le sire de FRANSURES, chevalier banneret, et Mahieu de FRANSURES, écuyer. (Montre de Robert de
Fiennes, connétable, du 21 juillet 1376) [2].

FRÉCHENCOURT.

371. — Jehan de FRÉCHENCOURT, chevalier, a reçu de Jouffroy Coquatrix, 67 livres tournois pour lui et 7 écuyers
servant en Flandres. — 10 janvier 1302.

> (Sceau en cire brune bien conservé. Ecu seul, chargé
> d'un orle de merlettes et d'un lion passant. Lé-
> gende : « S. Jehan de Fréchencourt. »)

372. — Drion de FRESCHENCOURT, chevalier, a reçu de
Jouffroy Coquatrix, 30 livres tournois pour lui et
2 écuyers de sa compagnie servant en Flandres. —
Arras, 10 septembre 1302.

> (Sceau ovale en cire brune. Pas d'écusson, le champ
> du sceau porte un épi de blé. Légende illisible).

373. — Dreux de FRESCHENCOURT, chevalier, du bailliage
d'Amiens, a reçu de Jouffroy Coquatrix 16 livres
tournois pour lui et pour « deux armeures de fer »

(1) Clairambault, vol. 50.
(2) Idem, vol. 47.

servant en Flandres avec lui. — Dimanche avant la St.-Remy, 1302 [1].

> (Même sceau que ci-dessus).

FRÉCICOURT.

374. — Jehan de FRÉCICOURT, écuyer. (Montre de Hagant de Haganville, chevalier, du 1er septembre 1380) [2].

FRESNOY.

375. — La reveue de Mess. Gervaise de FRESNOY, c̄hlr, et 2 escrs de sa comp., reveuz à Ardre, le pm̄ier jour de novembre lan mil ccc iiii^{xx} et sept.

Led. Mess. Gervaise.
Jehan de Quiquenpoit.
Fréminot de Machi.

376. — Guérart de FRESNOY, écuyer, a reçu d'Arnoul Boucher, trésorier des guerres, 45 francs d'or pour lui et 2 écuyers de sa compagnie servant au voyage du Mans, et partout où il plaira au roi. — Le Mans, 6 août 1392 [3].

> (Très-petit sceau en cire rouge. Écu à un sautoir. Le heaume a pour cimier une tête de lion. Supports : un aigle et un lion. Légende illisible).

(1) Clairambault, vol. 46.
(2) Idem, vol. 57.
(3) Idem, vol. 50.

377. — La reveue de Messire Gervaise de FRESNOY, chlr, et chincq escuiers de sa comp., reveuz à Caen, le vIIIᵉ jour d'octobre 1398 [1].

Led. Mess. Gervaise de Fresnoy.
ESCUIERS.
Jeh. de Trelon.
Guerart de Fresnoy.
Jehan Thibault.
Colin le Villain.
Jehan Duprez.

[1] Cartons du Cab. des Titres.

G.

GAUDECHART.

378. — Perrinet de GAUDECHART a reçu de Jehan Chauvel, trésorier des guerres, 22 livres 10 sols tournois pour lui et un écuyer de sa compagnie servant en Poitou et Saintonge, sous Guy de Nesle, M^{al} de France. — Tours, 1er octobre 1350 [1].

> (Petit sceau en cire rouge; écu seul chargé d'un orle de merlettes. Légende: « .... *Gode*....... »)

GORRE.

379. — Jehan GORRE, bailli d'Abbeville et de Hellicourt, fait savoir que Maroie Herbert, demeurant à Gamaches, a vendu à Jehan Dusnel, pour 10 francs, une pièce de terre séant au dit lieu de Hellicourt, tenue du roi, à cause du dit Hellicourt. — 8 août 1407 [2].

> (Sceau en cire rouge, très-effacé).

(1) Clairambault, vol. 53.
(2) Idem, vol. 54.

GOURLE.

380. — Jehan GOULLE, chevalier, a reçu de Jacques Renart, trésorier des guerres, 90 livres tournois pour lui bachelier et 3 écuyers de « sa chambre, » servant sous Mons. Loys de Saintes, M^{al} de France. — Vienne, 2 mai 1376.

> (Tout petit sceau en cire rouge, qui n'est que l'empreinte d'une bague. Écu seul, à une croix ancrée. Il est entouré d'un double filet et n'a jamais été accompagné d'une légende.)

381. — Jehan GOULLE, chevalier, a reçu de Jehan le Flament, trésorier des guerres, 60 livres tournois pour lui et 8 écuyers de sa compagnie, servant en Picardie sous le sire de Coucy. — Hesdin, 20 juillet 1380.

> (Sceau en cire rouge, relief très-accusé, très-belle conservation. Écu seul, chargé d'une croix ancrée et entouré de deux branches. Légende : « † S. Jehan Goulle, † chr. »)

382. — Quittance du même au même, de 150 francs d'or, etc. (comme ci-dessus.) — Corbie, 4 août 1380.

> (Le même sceau que ci-dessus, mais aplati et mal conservé. Légende : « S. Jeh.... Gou...., cher. † »)

383. — La reveue de mess. Jehan GOULLE, chlr, et sept escrs de sa comp., reveus à Corbeil le p̃mier jour de septb̃re, l'an M. CCC quatre vins.

Led. mess. Jehan Goulle, chl̃r.	Tancarmy de Lenglantier.
	Benoît de Gamaches.
Raoul de Rouveroy.	Le bastard de Monchy.
Guille. de Gamaches.	Guille. Dimberles.
Lichaut de Brunviles.	

384. — Guiot Gourle, premier écuyer tranchant du duc d'Orléans, a reçu de Jacques Lempereur, échanson du Roi et garde de ses coffres, 83 livres 6 sols 8 deniers tournois pour ses gages du mois d'avril. — 13 mai 1405.

(Sceau en cire rouge. Écu seul, à la croix ancrée ; il est placé au centre d'une rosace gothique d'une forme très-élégante. La légende est brisée.

385. — Quittance du même au même, de la même somme, pour les gages du mois de juin. — 15 juillet 1405 [1].

(Même sceau, moins bien conservé.)

GOUSSENCOURT.

386. — Renaut de Goussencourt, écuyer, a reçu de Jehan Chauvel, trésorier des guerres, 18 livres 15 sols tournois, pour lui et 1 écuyer de sa compagnie servant à la guerre, sous Mons. Jéhan de Saintré. — Château-Gonthier, 8 octobre 1354.

(Sceau en cire rouge, très-endommagé. On ne distingue plus que l'écu, qui porte un sautoir cantonné de 4 merlettes)

387. — Quittance du même au même, de 9 livres 7 sols 6 deniers tournois, etc. (comme ci-dessus.) — La date est arrachée [2].

(Même sceau que ci-dessus, aussi mal conservé)

(1) Clairambault, vol. 54
(2) Idem, vol. 54.

GRIBOVAL.

388. — Jehan de GRIBOVAL, écuyer, capitaine d'Audeneham, a reçu.... 31 francs d'or pour lui et........,
servant en Flandres, à la défense de la dite forte-
resse, sous Mons. de Sempi. — 30 avril 13... (Pièce
très-endommagée et déchirée en plusieurs endroits) [1].

> (Sceau en cire rouge. Écu seul, chargé de 3 étoiles
> et d'un lambel en chef. L'écu est immédiatement
> entouré d'un double filet qui soutient la légende :
> « .... de Griboval. »)

389. — Gauvain de GRIBOVAL, écuyer. (Montre du bâtard
de Brêmes, écuyer, du 1ᵉʳ janvier 1387) [2].

390. — Regnaut de GRIBOVAL, écuyer, a reçu de Jehan de
Pressy, trésorier des guerres, 150 livres tournois
pour lui, 7 écuyers et 4 archers de sa compagnie,
servant sous le duc de Bourgogne. — 10 mai 1412 [3].

> (Sceau en cire rouge, bien conservé et d'un beau
> modèle. Écu chargé de 3 étoiles et d'un lambel
> en chef. Le heaume a pour cimier une étoile. Il
> est accosté de deux branches de lauriers qui ta-
> pissent tout le champ du sceau, entre le heaume
> et le filet de la légende : « S. Regn... Griboval. »)

(1) Clairambault, vol. 55.
(2) Idem, vol. 21.
(3) Idem, vol. 55.

GUÉBIENFAY.

391. — Aliaume de GUÉBIENFAY, chevalier, du bailliage d'Amiens ; a reçu de Guillaume de Milly et de Jouffroy Coquatrix 30 livres tournois pour son service « en l'ost de Flandres. » — 3 septembre 1302 [1].

> (Grand sceau en cire brune. Ecu seul; chargé de 3 bandes et d'un lambel en chef. Légende : « *Sirc Aliame de Guébien......* » Bien conservé.)

392. — Robinet de GUÉBIENFAY, écuyer. (Montre de Hue du Mesnil, chevalier, du 1er décembre 1380.) [2].

(1) Clairambault, vol. 56.
(2) Idem, vol. 74.

𝕳.

HALLUIN.

393. — Jacques de HALLUIN, chevalier, seigneur de Piennes, guidon de 400 lances des ordonnances du Roi sous la charge du duc de Vendôme, a reçu 38 livres 6 sols 8 deniers tournois pour 24 jours de ses gages de guidon. — 30 avril 1552.

> Signé : DE HALLWINN.

> (Le sceau manque.)

394. — Charles de HALLEUIN, S^{gr} de Piennes, chevalier de l'ordre du Roi, capitaine de 50 lances, déclare avoir reçu 450 livres pour ses gages. — 16 juillet 1561.

> Signé : Charles de HALLEWIN. [1].

> (Sceau recouvert de papier. Ecu seul, à 3 lions pas-
> sants, 2 et 1, entouré du collier de St.-Michel.)

(1) Clairambault, vol. 57.

HANGEST.

395. — Rabache de HANGEST, chevalier, a reçu de Barthélemy du Drach, trésorier des guerres, 60 livres
tournois que Mons. Guy de Nesle, M^{al} de France,
lui a donné. — 15 janvier 1349.

> (Sceau en cire rouge. L'écu est chargé d'une croix
> pleine, et d'un lambel en chef. Heaume ; cimier
> brisé.)

396. — Jehan, sire de HANGEST, chevalier, capitaine pour
le roi en Poitou et Saintonge, ordonne à Jehan
Chauvel, écuyer, de payer à Giraut Coquart, écuyer,
16 livres 10 sols tournois. — 18 octobre 1356.

> (Fragment de sceau en cire rouge. Ecu chargé d'une
> croix pleine. Le heaume est cerclé d'une couronne
> fleurdelysée, mais le cimier est brisé.)

397. — Jehan, seigneur de HANGEST, chevalier, a reçu de
Jaques Renart, trésorier des guerres, 360 livres
tournois pour lui bachelier, 6 chevaliers bacheliers
et 10 écuyers de sa compagnie, servant en Champagne. — 1er mars 1375.

> (Sceau en cire rouge, très-brisé sur les bords ; l'écu
> seul est visible : il est chargé d'une croix pleine.)

398. — Quittance donnée par Aubert de HANGEST, chevalier, à Jaques Renart, trésorier des guerres, de 70
livres tournois pour lui chevalier bachelier, 1 chevalier bachelier et 3 écuyers servant sous Mons. Loys
de Saintré, M^{al} de France. — 2 mai 1376.

> (Le sceau est complétement écrasé.)

399. — Charles de HANGEST, chevalier, a reçu de Jehan le Flament, trésorier des guerres, 48 livres tournois pour lui, 1 chevalier et 4 écuyers de sa compagnie, servant en Picardie sous Mons. de Coucy. — 20 juillet 1380.

> (Sceau en cire rouge. Ecu seul, chargé d'une croix pleine; il est placé au milieu d'une espèce de rosace gothique. Legende : « S. *Charle de Han.* . »)

400. — La reveue de mess. Charles de HANGEST, un aut. chlr et quat. escrs de sa comp., reveuz à Arraz, le pmier jour daoust lan mil ccc IIII^{xx}.

Led. mess. Charles.	Jehan de Guysencourt.
Mess. Regnault de Pinqui-gny.	Jaques de Méru.
	Jehan de Pinquigny.
Jaques de Warcheul.	

401. — La monstre de mess. Pierre de HANGEST, chlr, un aut. chlr, et sept escrs de sa comp., reveuz à Corbueil, le pmier jour de sept. lan mil ccc quatre vins.

Led. mess. Pierre.	Baudoin de Fressancourt.
M. Tristan de Moruel.	Rydel Cousin.
Hue de Gillery.	Guérart de la Boissiere.
Jehan de Boullainviller.	Colart de Nibat.
J. de Werchin de Rinche-val.	

402. — Pierre de HANGEST, chevalier, a reçu de Jehan le Flament, trésorier des guerres, 185 francs d'or pour lui, 1 chevalier et 7 écuyers de sa compagnie, ser-

vant à la poursuite des Anglais, sous Mons. de Coucy. — Galardon, 5 septembre 1380.

> (Sceau en cire rouge. Écu échiqueté chargé d'une croix pleine. Le heaume a pour cimier une tête de cygne. Supports, un sauvage et un griffon. Légende tout à fait effacée.)

403. — Mahieu de HANGEST, S^{gr} de Senly, chevalier, confesse avoir reçu de Guillaume d'Enfernet, trésorier des guerres, 55 livres tournois pour lui, 1 chevalier et 7 écuyers servant en Flandres contre les Anglais. — 23 août 1383.

> (Petit sceau en cire rouge, joli et bien conservé. L'écu porte une croix pleine chargée de 5 coquilles. Le heaume a pour cimier une tête d'homme couronnée, placée de profil. Supports, 2 lions couchés. Légende : « S. Mahieu de Hangest. »)

404. — Ferry de HANGEST, écuyer, a reçu de Guillaume d'Enfernet, trésorier des guerres, 127 livres 10 sols tournois pour lui, 1 chevalier et 14 écuyers de sa compagnie, servant à l'armée de Flandres, sous le duc de Bourbon. — 6 septembre 1383.

> (Sceau en cire rouge. Écu seul, portant une croix pleine, chargée de 5 coquilles. Légende : « ✝ S. Ferr.........gest. »)

405. — Jehan de HANGEST, chevalier, a reçu de Guillaume d'Enfernet, trésorier des guerres, 1514 livres tournois pour les gages de lui banneret, six chevaliers bacheliers et 24 écuyers de sa compagnie, servant à l'armée qui doit passer en Écosse, sous Mons. Jehan de Vienne, amiral de France. — 27 avril 1385.

> (Sceau en cire rouge, très-abîmé. On ne distingue que le casque qui a pour cimier une tête de chien.)

406. — La reveue de mess. Jehan, sire de HANGEST, chīr
bannt̄, 11 aut. chīrs bachīrs et xvii escr̃s de sa comp.,
reveue à St Jeh Ston en Écosse, le xxviii° jour doct.
lan m ccc iiii ᵡˣ cinq.

Led. mess. de Hangest, bannt̄.	Mahieu de Bertaucourt.
	P̃re Viart.
Mons. des Hostieux.	Jeh. Mauchevalier.
Mons. de Beaucourt.	Le Maire de Marcel.
Huet de Montonviller.	Huet de la Despense.
Le bastard du Hamel.	Jehan d'Amboval.
Fremin Lecesniers.	Guille. Maillart.
Archolet de Fontaines.	Ernoul du Val.
P̃re Boutry.	Thomas d'Anisy.
Richard Basset.	P̃re Bahuchet.
Guille. le Maire.	

407. — Quittance donnée par Jehan de HANGEST, chevalier, capitaine du Crotoy, à Guillaume d'Enfernet,
trésorier des guerres, de 60 livres tournois pour lui
et 2 écuyers de sa compagnie, servant à la défense
du château du Crotoy. — Amiens, 28 février 1386.

(Sceau en cire rouge. L'écu est brisé par le milieu. Il
porte une croix pleine, chargée de 5 coquilles. Le
heaume a pour cimier une tête de cygne. Tout le
reste a disparu.)

408. — La monstre de mess. Jehan de HANGEST, chevalier,
capit. du Crotoy, deux escr̃s de sa comp., reveuz aud.
lieu, le p̃mier jour de mars lan mil ccc iiii ᵡˣ sis.

Led. mess. Jehan.	Regn. de Buille.
Pier. de Famechon.	

409. — Aubert de HANGEST, chevalier bachelier, a reçu de Jehan Chanteprime, trésorier des guerres, 45 francs d'or pour les gages de lui et 1 écuyer de sa compagnie servant sous le comte d'Harcourt. — Le Mans, 1er août 1392.

> (Sceau en cire rouge, un peu effacé. Ecu a une croix pleine, chargée de cinq coquilles. Heaume. Cimier, une tête de cygne dans un vol banneret. La légende est illisible).

410. — Quittance donnée par Jehan de HANGEST, cheva-lier, chambellan du roi, à Michel de Sablon, de 400 francs des gages que le roi lui donne. — Dernier jour de février 1398.

Signé : Jehan de HANGEST.

> (Grand sceau en cire rouge. Ecu à une croix pleine chargée de cinq coquilles. Le heaume est cerclé d'une couronne fleurdelysée de laquelle sort une tête de chien; il est supporté par deux bras qui sortent du filet qui entoure la légende. Légende : « Scel Jehan, sire de.... »)

411. — Jehan de HANGEST, sire de Heuqueville, conseiller du roi, grand-maître des arbalétriers, a reçu de Guillaume Bretiau, receveur du Ponthieu, 80 francs d'or qui lui sont dus, tant pour montres et revues, que pour sa charge de capitaine du Crotoy. — 28 fé-vrier 1404.

> (Sceau en cire rouge, brisé des deux côtés, mais ce qui en reste est d'un beau relief. L'écu porte une croix chargée de cinq coquilles, brisée en chef, a sénestre, d'un petit écusson. Le heaume a pour ci-mier un aigle naissant, les ailes éployées. Sur le champ du sceau s'entrelacent des roses)

412. — Jehan, S^{gr} de HANGEST, conseiller et chambellan
du roi, a reçu de Jacques Lempereur, échanson du
roi et garde de ses coffres, 100 francs d'or pour le
terme de janvier de sa pension. — 21 mars 1405.

(Le sceau manque).

413. — Jehan de HANGEST, S^{gr} de Huqueville, conseiller
et chambellan du roi, maître des arbalétriers, envoie une montre d'hommes d'armes à Marc Héron,
trésorier des guerres. — Valognes, 19 avril 1407.

(Charmant sceau en cire rouge. L'écu porte une croix
chargée de cinq coquilles et un petit écusson en
chef, au côté sénestre de la croix. Le heaume est
remarquable par une visière très-pointue : il a pour
cimier une tête de cygne dans un vol. Il est accosté
de deux arbalètes placées droites, et occupant tout
le champ du sceau entre le heaume et la légende.
— Légende : « *le scel de l'office*, »)

414. — Le même envoie au même la montre de Philippe
Espine, écuyer. — 28 septembre 1408.

(Sceau en cire rouge bien conservé. L'écu seul porte
une croix pleine chargée de cinq coquilles. Le
champ du sceau, entre l'écu et le filet de la légende
porte un orle d'étoiles. La légende est effacée. Le
contre-sceau offre le même écusson, mais plus petit,
surmonté d'une arbalète debout, et accosté de deux
étoiles. Légende : « *Scel l'office de M. des arbalétriers.* »)

415. — Jehan de HANGEST, chevalier, seigneur de Genly,
conseiller et chambellan du roi et son bailli d'Évreux,
à reçu de Jehan Lalement, receveur des finances,

2,000 livres tournois que le roi lui donne pour sa
pension. — 10 mai 1484 [1].

Signé : de HANGEST.

> (Très-grand sceau en cire rouge, très-beau, mais
> malheureusement un peu effacé. Ecu à une croix
> chargée de cinq coquilles. Le casque se détache de
> feuillages entrelacés. Il a pour cimier une tête
> d'homme couronné posé de profil. Supports : deux
> sauvages. Le champ du sceau est parsemé d'étoiles.
> La légende, en minuscules gothiques, s'étend sur
> un ruban noué au bas de l'écu. Elle porte : « *Scel
> Jehan, sire de Hangest et de Genly.* »)

HARCELAINES.

416. — Jehan, sire de HARCELAINES, chevalier, a reçu de
Jehan le Flament, trésorier des guerres, 66 livres
tournois pour lui et 9 écuyers de sa compagnie servant en Picardie, sous Mons. de Sempi, capitaine
g^{al} dudit pays. — 1er février 1380.

> (Sceau en cire rouge, bien conservé. Ecu écartelé,
> au 1er et 4me, un cœur; au 2me et 3me, une croix
> ancrée. Heaume ; cimier, un demi vol. Pas de sup-
> ports. Du filet qui soutient la légende sortent des
> trèfles et des fleurons qui convergent vers le centre
> du sceau. Légende : « *S. Jehan de Harceline.* »)

417. — La reveue de Mess. Jehan, seigneur de HARCELENE,
chlr, un aut. chlr et huit escrs de sa comp., reveuz
à Boulongne, le pmier jour dottobre lan M CCC quat.
vins.

Led. Mess. Jehan. Pre Lequian.

Mess. Jehan, sire de Ligny. Jehan Boulet.

Jehan de Seburnes. Guill. Lequian.

Allardin de Ste-Audegonde. Jehan le Dausseur.

Andrieu de la Pierre. Jehan de la Varane.

418. — Jehan, sire de HARCELAINES, chevalier, a reçu de Jehan le Flament, trésorier des guerres, 120 livres tournois pour lui et 6 écuyers de sa compagnie servant en Picardie, sous Mons. de Coucy. — Amiens, 20 octobre 1380 [1].

(Même sceau qu'au n° 416).

HARDENTHUN.

419. — Morel de HARDENTUN, chevalier, chatelain du château de Hardenthun, a reçu de Jehan de Lospital, clerc des arbalétriers, 71 livres et 8 sols pour lui, 4 archers à cheval et 32 sergents à pied servant à la garde dudit château, sous le maréchal d'Audeneham. — Lamlinghe (sic) 12 juillet 1355 [2].

(Fragment de sceau en cire rouge, on ne distingue plus que le gorgerin du heaume, et l'écu qui porte une bande accompagnée de six billettes).

420. — Leuvin de HARDENTUN, arbalétrier. (Montre de Mahieu de Pomelain, écuyer, du 15 décembre 1369) [3].

[1] Clairambault, vol. 59.

[2] Clairambault, vol. 58

[3] Idem, vol. 87.

421. — La monstre de Robert de Hardentun, escuier et sept autres escuiers de sa compagnie reveuz à Ardre, le p̃mier jour de mars lan mil ccc lxxviii.

Led. Robert.

Robert Baillet.

Jehan de Nédonchel.

Testart de Saranviller.

Rifflart de Camberonne.

Jehan d'Esclimeu.

Lancelot la Personne.

Alyaume de Gaspannes.

422. — Quittance donnée par Robert de Hardentun, écuyer, à Jehan le Flament, trésorier des guerres, de 195 livres tournois pour lui et 7 écuyers de sa compagnie servant en Picardie, sous Mons. de Sempi. — St-Omer, 8 mai 1379 [1].

(Le sceau manque.)

423. — Robinet de Hardenthun, écuyer. (Montre de Perceval d'Enneval, chevalier, du 1er septembre 1380) [2].

424. — Morlet de Hardenthun, écuyer. (Montre du sire de Sempy, capitaine g^{al} de Picardie, du 1er octobre 1380) [3].

425. — Robert de Hardenthun, écuyer, a reçu de Jehan le Flament, trésorier des guerres, 30 livres tournois pour lui et 1 écuyer de sa compagnie servant en Picardie et en Flandres, sous Mons. de Sempy. — 18 novembre 1383.

(Sceau en cire rouge, très-simple. Écu seul, portant une bande chargée d'une molette et accompagnée de six billettes. Légende : « ✝ S. Robert de . . . . tun).

(1) Cartons du Cab des titres.

(2) Clairambault, vol 43

(3) Idem, vol. 102

426. — Jehan de HARDENTUN, dit Morelet, chevalier, a reçu de Guillaume d'Enfernet, trésorier des guerres, 270 livres tournois pour lui bachelier, 1 chevalier bachelier et 14 écuyers de « sa chambre, » servant dans la compagnie de Mons. d'Isques, et sous Mons. de Saveuses. — 26 mars 1386.

> (Sceau en cire rouge Ecu seul chargé d'une bande et de six billettes posé sur une rosace très-simple. Pas de légende)

427. — Quittance du même au même de 192 livres 10 sols tournois pour lui et 10 écuyers de sa compagnie, etc... (Comme ci-dessus). — Amiens, 28 janvier 1387 [1].

> (Sceau pareil a celui ci-dessus)

428. — Morelet de HARDENTHUN, écuyer. (Montre de Jehan de Cotenes, écuyer, du 1er juillet 1387) [2].

429. — Guillaume de HARDENTHUN, écuyer, châtelain de la ville et du château de Crécy, et garde de la forêt du même nom, a reçu de Pierre Sureau, receveur de Ponthieu, 26 livres 13 sols 4 deniers parisis pour un trimestre de ses gages. — 28 janvier 1410.

> (Sceau en cire rouge L'écu porte une bande chargée d'une molette et accompagnée de 6 billettes. Heaume : cimier, une tête d'oiseau avec les ailes employées Supports, un griffon à gauche, un léopard à droite. Légende : « S. Guillaume de Hardentun » bien conservé.)

(1) Clairambault, vol. 58.
(2) Idem, vol. 38.

430. — Quittance du même au même, en tout pareille à
la précédente. — 6 février 1410 [1].

(Même sceau que ci-dessus; aussi bien conservé.)

HARGICOURT.

431. — Messire Pierre de HARGICOURT, chevalier bachelier,
(Montre de Raoul de Gaucourt, chevalier, du 14
août 1395.) [2]

HAUTECLOCQUE.

432. — Wales de HAUTECLOCQUE, écuyer, capitaine du
château de Fouquesolle, a reçu de Guillaume d'Enfernet, trésorier des guerres, 46 livres tournois pour
lui, 1 écuyer et 3 arbalétriers de sa compagnie, servant à la défense dudit château, sous Mons. de Saveuses. — Amiens, 26 avril 1380.

(Scellé avec le sceau de mess. Jehan de Bournonville, en l'absence de celui de Wales de Hauteclocque.)

433. — Deux quittances exactement pareilles à celle ci-
dessus, la première du 30 mai et la deuxième du 22
octobre 1387 [3].

(Scellées du sceau de Jehan de Bournonville, seigneur de Fouquesolle.)

(1) Clairambault, vol 58
(2) Idem, vol. 52
3) Idem, vol. 58.

HEILLY.

434. — Jehan, sire de HEILLY, chevalier, *double banneret*, a reçu de Guy Florent, trésorier du Roi, 342 livres tournois pour lui, 3 chevaliers et 17 écuyers de sa compagnie, servant « en la bataille de Mons. le comte de S\(^t\)-Pol. » — 18 septembre 1314.

> (Sceau en cire brune, très endommagé. On distingue à peine un écusson chargé d'une bande fuselée.)

435. — Jehan de HEILLY, écuyer-tranchant de M\(^{gr}\) le Dauphin, a reçu de Jehan Chauvel, trésorier des guerres, 16 livres 10 sols tournois pour lui et 1 écuyer de sa compagnie, servant sous les ordres du Dauphin. — — Amiens, 4 novembre 1355.

> (Sceau en cire rouge, bien conservé. Ecu seul, chargé d'une bande fuselée, et brisé en chef d'un lambel et d'une étoile. Légende : « ✝ S. *Jehan de Helly.* »)

436. — La revenc de Mons de HEILLY, chlr, trois auts chīrs et dis escrs de sa comp., reveuz à Therouenne, le penult. jo\(^r\) dottobre lan M. CCC IIII \(^{xx}\) et sis.

Led. Mons. de Heilly, banñt.	Drieu de Ferchencouıt.
	Jaque de Bourg.
Mons. de Visme.	Ridel Cousin.
Mons de Goy.	Jehan d'Argies.
Mons. Wautier de Bertangle.	Jaq. du Mesnil.
	Jehan de Flain.
Jaq. de Bertangle.	Huet de Montoviller.
Liennart de Walsempos.	Jaq. le Bel.

437. — Regnaut de HLLY, chlr, a reçu d'Arnoul Boucher, trésorier des guerres, 150 francs pour lui et 8 écuyers de sa compagnie, suivant le Roi dans le voyage du Mans. — 31 juillet 1392.

> (Sceau en cire rouge. Ecu à une bande fuselée. Heaume : cimier, une tête de sanglier. Du filet qui supporte la légende sortent des trefles qui convergent vers le centre du sceau Légende · « Reg... . de Hel.. chr. »)

438. — La monstre mess. Jaque de HELLY, chlr bachlr, un aut. chlr bachlr et sept escuiers de sa compaignie veus à la Fte Bnart (Ferté-Bernard), le xIIe jour d'aoust l'an M. CCC IIII ˣˣ douze.

Led. mess. Jacques.	Tritrain de Rouville.
Mess. Jehan du Sart.	Gautier du Castel.
Huet du Verssy.	Martelet de Tilly.
Renault du Castel.	Baudoin de Monchaux.

439. — Jaques de HÉLY, chlr. a reçu d'Arnoul Boucher, trésorier des guerres, 185 francs pour lui, 1 chevalier et 6 écuyers de sa compagnie, suivant le Roi au Mans. — 15 août 1392.

> (Sceau en cire rouge, tres endommagé. On ne distingue plus que l'ecu chargé d'une bande fuselée.)

440. — Jaques, seigneur de HELLY, chevalier, chambellan du Roi, jadis capitaine du château de Beauquesne, a reçu d'Aléaume Feret, receveur à Amiens, 18 livres 9 sols 8 deniers pour les gages de son ancien office de capitaine. — 23 janvier 1407.

> (Sceau en cire rouge, grossierement gravé, mais bien conservé. L'écu porte une bande fuselée, Le heaume a pour cimier une hure de sanglier. Supports, deux lions accroupis Légende : « Srel m. .sire de Hely)

441. — Jaques, seigneur de HEILLY, maréchal de Guyenne, capitaine du château de Tallemont, a reçu de Renaut de Longueil, trésorier des guerres, 1100 livres tournois pour lui, 25 hommes d'armes et 25 arbalétriers, servant à la garde dudit château. — 4 février 1412.

> (Sceau en cire rouge. Écu à la bande fuselée. Heaume : cimier, une hure de sanglier très-effacée. Supports : deux lions. Le champ du sceau est pointillé et chargé de hachures se croisant.)

442. — Quittance du même au même, de 915 livres tournois, pour lui banneret, 14 écuyers et 28 archers de sa compagnie, servant sur les frontières de la Picardie. — 18 novembre 1412 [1].

> (Sceau en cire rouge, très-effacé.)

HÉNENCOURT.

443. — La reveue de Robert de HENNENCOURT, escuier, et trois escuiers de sa comp., reveus à Caen, le pmier jour de septembre 1347 [2].

Led. Robert de Hennencourt.
Guille de Guionville.
Jehan de Belleval.
Jehan de Condeville.

[1] Clairambault, vol. 59.
[2] Cartons du Cab. des Titres.

HEZECQUES.

444. — Hue de Hesesque, écuyer. (Montre de Mons. de Meudon, chevalier, du 14 août 1343) [1].

HIERMONT.

445. — Witace de Huiermont, chevalier, du bailliage d'Amiens, a reçu de Guillaume de Milly et de Jouffroy Coquatrix, 32 livres tournois pour lui et « vi armeures de fer, » pour leur service en Flandres. — Le dimanche de la St-Remy 1302.

> (Sceau en cire brune. Ecu seul, chargé de six losanges, 3, 2 et 1. Légende : « † S. Mesire Witace de Huiermot. » Très-bien conservé).

446. — Bridous de Huiermont, chevalier, confesse avoir reçu de Jehan du Change, trésorier des guerres, 154 livres 7 sols tournois pour les gages de lui et 6 écuyers de sa compagnie servant en Flandres et Hainaut, sous les ordres des maréchaux de France. — Abbeville, 1er septembre 1341.

> (Sceau en cire brune, tout brisé).

447. — Bridous de Huiermont, chevalier, reconnait que le roi lui a remis 60 livres sur une somme de 120 livres, montant de deux amendes dont il avait été frappé. — 28 décembre 1341 [2].

> (Le sceau manque).

---

(1) Clairambault, vol. 74.
(2) Idem., vol. 65.

448. — Arnoul de HIERMONT, écuyer. (Montre du sire de Sempi, capitaine g^{al} de Picardie, du 1er octobre 1380) [1].

HUMIÈRES.

449. — Drieu, sire de HUMIÈRES, chevalier et maitre fauconnier du roi, a reçu de François Chanteprime, receveur des aides, 150 francs d'or sur 200 francs d'or que le roi lui donne. — 14 janvier 1375.

(Le sceau manque).

450. — Quittance donnée par Mahieu de HUMIÈRES, chevalier, à Jehan le Flament, trésorier des guerres, de 36 livres tournois pour lui et 4 écuyers de sa compagnie, servant en Picardie sous Mons. de Coucy. — 20 juillet 1380.

(Sceau en cire rouge. Il ne reste plus qu'un fragment de l'écu fretté. Le heaume a pour cimier une tête de lion dans un vol. Le champ du sceau est pointillé et chargé de hachures croisées. Légende brisée).

451. — Drieu de HUMIÈRES, chevalier, a reçu de Jehan de Pressy, trésorier des guerres, 552 livres 10 sols tournois pour lui bachelier, et II écuyers de sa compagnie, servant sous le duc de Bourgogne. — 10 mai 1412.

(Sceau en cire rouge. L'écu est fretté avec un lambel en chef. Le heaume a pour cimier une rencontre de cerf. Pas de supports. Les lettres très-effacées de la légende sont d'une grandeur démesurée. Le sceau est très-grossier).

---

(1) Clairambault, vol. 102.

452. Revue faite à Péronne, le 16 juin 1525, de 25 hommes
     d'armes et 50 archers, sous la charge de Mons. de
     HUMIÈRES [1].

Mons. de Humières, cap-
pitaine.

Antoine de Bayencourt.

.   .   .   .

Ph. de Callonne.

Claude d'Aigneville.

Artus d'Amerval.

Pierre de Myraumont.

.   .   .   .

Hugues de Riencourt.

Jehan le Vasseur.

ARCHERS.

.   .   .   .

Pierre de Monchy.

Guill. du Hamel.

Adrien Sacquespée.

.   .   .   .

Jehan du Bois-Robin.

.   .   .   .

Jehan du Fresne.

.   .   .   .

Jehan de Recourt.

Jehan de Watripont.

.   .   .   .

Jehan Guyselin.

(1) Clairambault, vol. 60.

𝔏.

LA CHAUSSÉE.

453. — Le Galoys de la CAUCHIE, écuyer. (Montre de Guillaume de Cauroy, chevalier, du 3 août 1385) [1].

LAMETH.

454. — Antoine de LAMETH, M^{al} des logis de la compagnie de Mgr le dauphin, a reçu de Me Jacques Veau, trésorier des guerres, 50 livres tournois pour un trimestre de ses gages. — 1er mai 1552.

DE LAMETH.

(Le sceau manque).

455. — Trois autres quittances du même au même, en tout pareilles à la précédente, du 23 juillet 1552, du 22 avril et du 3 août 1553 [2].

> (Sceaux plaqués, recouverts de papier; écu seul à trois maillets, chargé en cœur d'un écusson tout à fait effacé. — Sceaux très-grossiers).

(1) Clairambault, vol. 25.
(2) Idem, vol. 63.

LIHUS.

456. — Henry de Lihus, chevalier, a reçu de Guillaume de Milly, 37 livres tournois pour le service que lui et ses gens ont fait en Flandres. — Arras, 5 septembre 1302.

> (Fragment informe de sceau en cire rouge. On ne distingue plus que l'écu très-allongé qui porte un chef chargé d'un lion naissant).

457. — Dunelin de Lihus, chevalier, a reçu de Barthélemy du Drach, trésorier des guerres, 41 livres 5 sols tournois pour lui et ii écuyers de sa compagnie, ayant servi dans la guerre du Hainaut « en la bataille de Mons. d'Alençon » — 20 juin 1341.

> (Le sceau manque).

458. — La monst. mess. Henry de Lihus, chlr. bachlr, et de iiii aut. chlrs bachlrs aveuc lui de sa comp., sous Mons. le castelain de Biauvais, rev. à Cailly, le xxvi⁰ jour de juill., lan m ccc lxix.

Led. chlr., ch. brun fauve.
Mess. Guill. de Lodencourt, ch. gs pomelé.
Mess. Robert de Sains, ch. bay.
Mess. Sengler de Fay, ch. bay brun.
Mess. Wistace de Chaulle, ch. gs hart.

459. — Henry de Lihus, chevalier, a reçu d'Étienne Braque, trésorier des guerres, 75 livres tournois pour lui et 4 chevaliers bacheliers de sa compa-

gnie, servant sous le chatelain de Beauvais. — 3
août 1369.

> (Joli sceau en cire rouge, mais un peu aplati. L'écu a
> un chef chargé d'un lion naissant. Heaume ; cimier,
> un lion naissant dans un vol banneret. Supports :
> 2 lions accroupis. Légende : « *S. Henry de Lihus.* »)

460. — La monst. de mess. Henry, sire de LIHUS, chlr,
un aut. chlr et huit escrs de sa comp., reveue à Soissons, le xiᵉ jour daoust lan M CCC IIII^{xx}.

Ledit sire de Lihus.	Hue de Hargicourt.
M. Guille. Poncin.	Robt. de St-Rémy.
Pierre de Lihus.	Brunet de Laudencourt.
Boort Poncin.	Jehan Grandin.
Hector de Hargicourt.	Simon de Monsières.

461. — Henry de LIHUS, chevalier, a reçu de Jehan le
Flament, trésorier des guerres, 180 francs d'or pour
lui bachelier et 8 écuyers de sa compagnie, servant
à la poursuite des Anglais sous le duc de Bourgogne.
3 septembre 1380 [1].

> (Même sceau qu'au n° 459. Même conservation.)

462. — Messire Pierre de LIHUS, chevalier. (Montre de
Perceval d'Esneval, chevalier, du 1ᵉʳ octobre 1387.) [2]

---

(1) Clairambault, vol. 65.
(2) Idem, vol. 43.

LISQUES.

463. — Jehan de LISQUES, écuyer, « chastelain de par le Roy du chastel de la Montoire, » a reçu de Renaut Danvin, « comis par le Roi à faire garnison pour les chasteaulx d'Artois, » 109 « rasiers et demie » et deux picotins de blé pour la garnison dudit château. — 16 septembre 1348.

> (Sceau en cire brune. Ecu seul, bandé de 6 pièces, à une bordure dentelée et un franc-quartier portant 3 léopards. L'écu est posé sur une grande étoile à 6 pointes entre lesquelles se déroulait la légende, aujourd'hui effacée.)

464. — La monstre de Jehans de LISQUES, escr, chastelain de la Montoire, reveue par nous Enguerran, sire de Beaulx, chlr, lieut. du maistre des arbalst du Roi nres, le VII⁰ jour daoust lan mil CCC LI.

Led. chastelain sur un ch. brun.

Lœres de Lisques, ch. rous gs. queue noire.

Testart de la Berssonnière, ch. brun gs.

Estevene de Lisques, ch. cler bay.

GENS DE PIÉ.

Robt de le Mote.	Eunart de St-Homer.
Jeh. de le Mote.	Jeh. de Lausnoy.
Robt de Lausnoy.	Baudin de le Clus.
Wlyart du Vert.	Ernol Berclau.

465. — Jehan de LISQUES, chatelain de la Montoire, a reçu de François de Lospital, clerc des arbalétriers ; 39 livres 17 sols tournois pour 2 écuyers et 15 ser-

gents à pied de sa compagnie, servant à la garde
dudit chateau. — 8 mars 1354.

> (Sceau en cire rouge, le même qu'au n° 463, mais à
> moitié brisé.)

466. — Quittance donnée par Jéhan de LISQUES, chevalier,
à François de Lospital, clerc des arbalétriers, de 40
livres tournois pour les hommes d'armes de sa compagnie, servant à Ardres sous le maréchal d'Audeneham. — 6 janvier 1355.

> (Sceau en cire rouge. Ecu bandé de 6 pièces, avec
> une bordure, posé sur une étoile à six pointes. La
> légende est brisée.)

467. — Quittance donnée par Baudoin de LISQUES, chevalier, à Jehan Chauvel, trésorier des guerres, de 50
livres tournois « pour son estat. » — Craon, 24 janvier 1355.

> (Petit sceau en cire rouge, d'un très-joli relief. Ecu
> bandé de 6 pièces, avec une bordure dentelée et
> un lambel en chef. Légende : † S. *Baudoin de*
> *Lisques.* »)

468. — Jehan de LISQUES, dit Cambrésien, chevalier, a
reçu de François de Lospital, clerc des arbalétriers,
30 livres tournois pour lui, 10 hommes d'armes et
20 sergents à pied de sa compagnie, servant à la
garde du chateau de Lisques, sous le maréchal
d'Audeneham. — 2 octobre 1359.

> (Sceau en cire rouge, très-petit. Ecu bandé de 6
> pièces à la bordure dentelée. Le heaume a pour
> cimier une tête de chèvre. Pas de supports. Le
> champ du sceau est chargé de hachures croisées,
> et pointillé entre les hachures. Légende brisée.)

469. — Jehan de Lisques, chevalier, chatelain de la Montoire, a reçu des trésoriers du roi 100 « deniers d'or
à l'escu » que le roi lui donne. — 13 septembre
1360.

> (Sceau en cire rouge, le même qu'au n° 463, mais
> mal conservé.)

470. — Jehan de Lisques, dit Cambrésien, chevalier, a
reçu de François de Lospital, etc... (comme ci-dessus,
au n° 468). — 26 décembre 1365.

> (Le sceau est tout à fait effacé.)

471. — Florent de Lisques, capitaine du chateau de
Lisques, a reçu de Pierre Chanteprime, trésorier
des guerres, 40 livres tournois pour lui et 5 arbalétriers de sa compagnie, servant en Picardie, à la
garde dudit chateau. — Thérouanne, 16 août 1376.

> (Sceau en cire rouge. Ecu seul, bandé de 6 pièces,
> à une bordure dentelée et un franc-quartier. Lé-
> gende : « † S. Florent.......iskes. »)

472. — Trois autres quittances du même au même, en
tout pareilles à celles ci-dessus. — Thérouanne, 3
mars, 15 mars et 10 octobre 1376.

> (Mêmes sceaux que ci-dessus, mais moins bien con-
> servés.)

473. — Enguerran de Lisques, écuyer, a reçu de Jehan
le Flament, trésorier des guerres, 60 livres tournois
pour lui et 8 écuyers de sa compagnie, servant en
Picardie sous Mons. de Coucy. — Corbie, 4 août 1380.

> (Sceau en cire rouge. Très-petit écu bandé de 6 pièces,
> à une bordure. Légende : « ....eran....... » Tout
> le reste est brisé, mais l'écu a un joli relief.)

474. — La reveue de Enguerran de Lisques, escuier, et
de huit aut. escrs de sa compaignie, reveuz à Corbie,
le p̄mier jour de sept. lan mil ccc iiii^{xx} [1].

Led. Enguerran.	Guille. de Houvant.
Jehan Burgard de Villers.	Guille. Danvin.
Pierre de la Chapelle.	Franc. Dallement.
Guille. Julien.	Jacotin du Val.
Vincent de Fasqueville.	

475. — Mons. de Lisques, chevalier. (Montre de Thierry
de Disquemue, chevalier, du 23 septembre 1380.) [2]

476. — La monst. de meṣs. Gryffon de Lisques, chr̄, et
neuf aut. escrs de sa comp., reveuz à Sᵗ-Omer le vint
et chinquième jour de juin lan M. ccc iiii ^{x} et sis.

Led. mess. Gryffon.	Raoul Duifer.
Lancelot de Lisques.	Jaque de le Nesse.
Lionnel Zennequin.	Guillebert de Hegues.
Oudart du Mareq.	Enguerr. de Hegues.
Este du Boz.	Le bastard de Sauchoy.
Manssart Dausque.	

477. — Gryffon de Lycques, chevalier, a reçu de Guillaume
d'Enfernet, trésorier des guerres, 180 livres tournois pour lui bachelier et 10 écuyers de sa compagnie, servant à la garde de la Flandres, sous
Mons. de Sempi. — 30 juin 1386.

> (Sceau en cire rouge. On ne distingue plus, tant il
> est en mauvais état, que l'écu bandé de 6 pièces,
> avec une bordure.)

(1) Clairambault, vol. 65.
(2) Idem, vol. 40.

478. — Montre de Griffon de LISQUES, écuyer, tout-à-fait pareille à la précédente. — Gravelines, 27 juillet 1386.

479. — La reveue Enguerr. de LIQUES, escr, huit escrs de sa comp., reveuz à St.-Omer le pmier jour de juillet, l'an M. CCC IIII^{xx} VII.

Led. Enguerran.	Le Lorrain de Guermigny.
Valet de Montigni.	Milet de la Boisière.
Ancellet de Lesglantier.	Le bastard d'Angle.
Lancelot de Lisques.	Robin de Bléquin.

480. — Jehan de LISQUES, chevalier, Seigneur de Lisques, a reçu de Jehan Le Riche, receveur du Vermandois, 50 livres tournois qui lui étaient dues pour une rente annuelle qu'il doit prendre sur la recette du Vermandois. — 8 juillet 1387.

> (Sceau en cire rouge. Ecu bandé de 6 pièces, à une bordure. Heaume; cimier brisé. Le champ du sceau est chargé de hachures croisées. Légende : « .... ans de Lis....... »)

481. — Revue d'Enguerran de LISQUES, pareille à la précédente. — 1er août 1387.

482. — La monstre mess. Mahieu de LISQUES, chr, et un escr en sa comp., receue à Guysse, le XXVII sept. mil CCC IIII^{xx} et sept.

> Led. mess. Mah., chr.
> Gilles, dit le bastard de Bergues, escuier.

483. — Mahieu, sire de LISQUES, chevalier, a reçu de Guillaume d'Enfernet, trésorier des guerres, 45

livres tournois pour lui et 1 écuyer de sa compagnie, servant en Picardie sous Mons. de Saveuses. — Thérouanne, 30 septembre 1387.

> (Sceau en cire rouge. Ecu bandé de 6 pièces, à une bordure. Le heaume a pour cimier une tête de chèvre. Supports, 2 griffons. Légende : « *Mahieu, sire de Lis......* » Gravure très-grossière. La légende est surtout très-écrasée.)

484. — Maillet de Lisques, écuyer, a reçu de Guillaume d'Enfernet, trésorier des guerres, 60 livres tournois pour lui et 7 écuyers de sa compagnie, servant à la garde d'Ardres, sous Mons. de St.-Pol. — St.-Omer, 6 mai 1389.

> (Sceau en cire rouge. Ecu seul, portant 3 barres ; très-grossier. Légende brisée.)

485. — Mahieu, sire de Lisques, chevalier, a reçu d'Aubert le Fèvre, receveur de Ponthieu, 80 livres parisis pour une rente qu'il doit prendre sur la recette de Ponthieu. — Lisques, 14 décembre 1397.

> (Sceau en cire rouge, exactement pareil à celui du n° 483.)

486. — Mahieu, sire de Lisques et d'Estamfort, chevalier, chambellan du Roi, a reçu du Roi, par les mains de Richart le Bregue, receveur du Vermandois, 100 livres tournois pour une somme de 300 livres tournois que le Roi lui donne à prendre sur ladite recette. — 10 mai 1407 [1].

> (Le sceau manque.)

(1) Clairambault, vol. 65.

LONGROY.

487. — Robert de LONGROY, chevalier, a reçu de Jehan
Chauvel, trésorier des guerres, 225 livres tournois
pour lui, 2 chevaliers et 9 écuyers de sa compagnie,
servant en Poitou et Saintonge, sous Jéhan, sire de
Hangest, lieutenant du Roi en Poitou. — 2 janvier
1356 [1].

> (Sceau d'une très-petite dimension ; on voit à l'em-
> preinte qu'elle vient d'un anneau. L'écu a un
> chef chargé d'un petit écusson à sénestre. Le ci-
> mier du heaume est brisé. Légende : « *S. Robert*
> *de Lonc......* » Le champ du sceau est couvert d'a-
> rabesques.)

LONGVILLERS.

488. — La monstre de mesire Lancellot de LONVILL, chlr,
et trois escrs de sa compaignie, reveue à Boulongne
le pmier jour de janvier, l'an mil CCC quatre vins.

Led. mess. Lancelot.	Robert de Lanclos.
Hugue du Pire.	Pierre d'Estone.

489. — Lancelot de LONGVILLIERS, chevalier, a reçu de
Jehan le Flament, trésorier des guerres, ... pour
lui et 3 écuyers de sa compagnie, servant en Picardie sous Mons. de Sempi. — 20 octobre 1380.

> (Le sceau manque.)

(1) Clairambault, vol. 65.

490. — La reveue de mess. Jehan de Lonvillers, chīr bannt, 1 aut. chīr bachīr, et huit escrs de sa comp., reveuz à Boulongne, le pmier jour de novembre, l'an M. CCC IIII^{xx}.

Led. mess. de Lonvillers.
Mess. Jeh., seigr de Her-celenes.
Jehan de Lamote.
Jehan Rimbert.

Jehan Guillot.
Jaqmart Morice.
Copin de Fiennes.
Jehan le Clerc.
Ancellet le Monier.

491. — Jehan de Longvillers, sire d'Angoudessen, chevalier banneret, a reçu de Jehan le Flament, trésorier des guerres, 20 francs d'or pour « son état particulier. » — Amiens, 24 décembre 1380.

> (Beau sceau en cire rouge. Ecu chargé d'une croix ancrée. Le heaume est cerclé d'une couronne fleurdelysée. Il a pour cimier une tête d'homme, de profil, avec une longue barbe et de longs cheveux. Supports, 2 lions accroupis. Légende : « † S. Jehan ...:... onvillers. »)

492. — Le même a reçu du même 70 livres tournois pour lui, 1 chevalier bachelier et 8 écuyers de sa compagnie, servant en Picardie sous Mons. de Sempi. — 24 décembre 1380.

> (Même sceau que ci-dessus.)

493. — Lancelot de Longvillers, chevalier, a reçu de Guillaume d'Enfernet, trésorier des guerres, 215 livres tournois pour lui, 3 chevaliers et 35 écuyers de sa compagnie, servant « en la chevauchée qui

va en Flandres » sous le duc de Berry. — 25 août
1383.

> (Superbe sceau en cire rouge, représentant un che-
> valier debout, tenant d'une main sa lance, et de
> l'autre un écu à la croix ancrée qu'il appuie sur
> sa poitrine. Son casque a pour cimier une tête
> d'homme, de profil. Immédiatement autour du
> chevalier court un doublé filet qui renferme des
> arabesques. Après celui-là vient un autre double
> filet qui contient la légende : « *S. Lancelot* ....
> *villers*, *c̃hr.* »)

494. — Trois quittances de l'année 1389, en tout pareilles
à la précédente, mais avec des sceaux brisés [1].

LOUVEL.

495. — Colin LOUVEL, écuyer. (Montre de Henry de St.-De-
nis, chevalier, du 1er août 1385) [2].

496. — Raoul LOUVEL, écuyer. (Montre de Rogue de Soissons, du 3 août 1385) [3].

(1) Clairambault, vol. 65.
(2) Idem, vol. 40.
(3) Idem, vol. 104.

M.

MAILLY.

497. — Thévenon de MAILLY, écuyer, du bailliage de Sens, a reçu de François de Lospital, clerc des arbalétriers, 66 sols tournois pour lui et 1 écuyer de sa compagnie. — 14 novembre 1339.

> (Sceau en cire rouge. Écu seul, portant une fasce accompagnée de 3 maillets, 2 en chef, 1 en pointe. Légende illisible. Mauvaise conservation.)

498. — Jehan de MAILLY, chevalier, a reçu de Barthélemy du Drach, trésorier des guerres, 222 livres 5 sols 4 deniers tournois pour lui banneret, 5 chevaliers bacheliers et 22 écuyers de sa compagnie, servant en Cambrésis et Hainaut sous les Maréchaux de France. — 4 juin 1340.

> (Sceau en cire rouge. Écu seul, chargé de 3 maillets et d'un lambel en chef. Légende effacée.)

499. — Colart de MAILLY, chevalier, a reçu de Jehan de Pressy, trésorier des guerres, 57 livres 2 sols tour-

nois pour lui et 5 écuyers de sa compagnie, servant
sous les Maréchaux de France. — 29 août 1340.

(Le sceau manque.)

500. — Nicolas de MAILLY, chevalier, a reçu de Jehan du
Change, trésorier des guerres, 100 livres tournois
pour lui et 2 gens d'armes, servant sous les Maréchaux de France. — 4 octobre 1340.

(Sceau en cire noire. Ecu seul, à 3 maillets, 2 et 1,
et un lambel en chef. Très-brisé.)

501. — Maillon de MAILLY, chevalier, a reçu de Jehan du
Change, trésorier des guerres, 19 livres 10 deniers
tournois pour lui et 2 écuyers de sa compagnie, servant sous le Connétable. — 30 juillet 1352.

(Le sceau manque.)

502. — Payen de MAILLY, chevalier, a reçu de Jehan
Chauvel, trésorier des guerres, 135 livres tournois
pour lui, 1 chevalier et 8 écuyers servant sous Mons.
Jehan de Clermont, sire de Chantilly, Maréchal de
France. — 20 janvier 1355.

(Petit sceau en cire rouge, très-effacé. Ecu seul à
3 maillets, et un lambel en chef. Légende : « S.
Paien ...ailly »)

503. — La monst. Mons. Colart de MAILLY, dit Paien,
chlr, de v aut. chlrs bachlrs et de viii escrs de sa
comp. soubs le conte de Boulongne, receu à St-Omer
le pmier jour de juing lan M. CCC LXIX.

Led. Mons. Colart, ch. bay.
Mons. de Lannoy, ch. bay.

Mons. Regnaut, sire de Biaufort, ch. fauve.

Mons. Bauduin, sire de Noyelles, ch. bay estele.

Mons Jehan de Goy, ch. tout bay.

Mons. Jehan de Mailly, ch. g̃s hart.

Gillot de Mailly, ch. bay.

Pierre de Villers, ch. bay.

Robin de Biaufort, ch. g̃s pomele.

Garain de Givenchy, ch. roan.

Manessier de Reulcourt, ch. bay.

Guiot de Goy, ch. noir g̃s.

Jch. Denglebelmer, ch. bay estele.

Guille. de Reausse, ch. brun bay estele.

504. — Jehan de MAILLY, dit Maillet, chevalier, a reçu de Jehan le Flamment, trésorier des guerres, 77 livres livres tournois pour lui, 2 chevaliers et 7 écuyers de sa compagnie, servant en Picardie sous Mons. de Coucy. — 5 juillet 1380.

> (Sceau en cire rouge. Ecu seul, chargé de 3 maillets et d'un lambel. Légende : « .....*de Maill...* » assez abimé.)

505. — La reveue de mess. Maillet de MAILLY, chl̃r, un aut. chl̃r et sept escr̃s de sa comp., reveuz à Arraz, le p̃mier jour d'aoust lan M. CCC quat. vins.

Led. mess. Maillet.	Jehan du Parc.
Mess. Bridous de Huier- mont.	Enguerran de Ronval.
	Le Borgne de Hargival.
Arnoul de Bours.	Tristram de Senlix.
Carbonel le Fort.	Valin de Caumaisnil.

506 — Gilles, sire de MAILLY, chevalier, a reçu de Jehan le Flament, trésorier des guerres, 94 livres tournois pour lui, 1 chevalier et 8 écuyers de sa compagnie, servant sous le duc de Bourgogne. — 18 août 1380.

> (Sceau en cire rouge. Ecu à 3 maillets. Heaume : cimier, une tête de levrier. Supports, 2 griffons. Très-mauvais état. La légende et le bas de l'écu sont enlevés.)

507. — La reveue de mess. Gilles, sḡr de MAILLY, deux autz cͪlrs et nuef escͬrs de sa comp., reveuz à Thérouenne le p̃mier joͬ dottobre lan M. CCC IIII ˣ et un.

Led. mess. Gilles.	Gilles Gombault.
Mons. de Harmilly.	Michaux des Ruisseaux.
Mons. de Graucourt.	Tassart de Domercourt.
Mallet de Mamez	Millet de Lisques.
Aliame de Salli.	Jeh. Grignon.
Jehan Nouet.	Jeh. de Latre.

508. — Gilles, Sᵍʳ de MAILLY, chevalier, a reçu de Jehan le Flament, trésorier des guerres, 120 francs d'or pour lui, 2 chevaliers et 9 écuyers de sa compagnie, servant en Flandres sous l'Amiral de France. — 12 juin 1383.

> (Sceau en cire rouge. Ecu à 3 maillets. Le heaume a pour cimier une tête de cheval. Supports, 2 lions assis. Tout le reste est brisé.)

509. — Quittance exactement semblable à la précédente, du 29 août 1383.

> (Même sceau que ci-dessus.)

510. — La monstre de mess. Gilles de MAILLY, cͪlr et un

bachῑr et huit escῑrs de sa cõpaig., veus au Mans , le
xxixᵉ jour de juillet ᴍ ᴄᴄᴄ ɪɪɪɪˣˣ et xɪɪ [1].

P̃ᴍɪᴇ̀ʀᴇᴍᴇɴᴛ.

Led. mess. Gilles de Mailly.

Mess. Parent. chῑlr.

Forsart de Biaufort.

Allamne de Fally.

Beaudoyn de Belleval.

Jeh. de Letramᵉcourt.

P̃re de Moncieaux.

Rogues de Belleval.

P̃re de Neue.

Ferry d'Englebelmer.

511. — Mess. Jehan dé MAILLY, chevalier. (Montre de
Pierre de Négron, chevalier, du 1ᵉʳ octobre 1387) [2].

512 — Esbart de MAILLY, écuyer. (Montre de mess. de
Meudon, chevalier, du 14 août 1343) [3].

513. Colart, seigneur de MAILLY, chevalier, a reçu de
Jehan de Pressy, trésorier des guerres, 682 livres
10 sols tournois pour lui, 2 chevaliers et 36 écuyers
de sa compagnie, et 7 archers, servant sous le duc
de Bar. — 18 mai 1412.

(Sceau en cire rouge, très-écrasé. Ecu à trois maillets·
Le heaume a pour cimier un ᴠol. Supports : deux lions
accroupis. Légende : «S. Colart, sire de Mailly C...»)

514. Jehan de MAILLY, évêque et comte de Noyon, pair
de France, conseiller du roi et président à la cour
des comptes de Paris, certifie que Jehan Beauvarlet,
grénetier du grenier au sel de Paris, lui a délivré

(1) Clairambault, vol. 68.
(2) Idem, vol. 80.
(3) Idem, vol. 74.

un setier de sel pour « la despence de son hostel. »
1er février 1429 [1]. — de Mailly.

> (Charmant sceau plaqué en cire rouge. On voit à l'em-
> preinte qu'elle vient d'un anneau. Ecu seul à trois
> maillets et un lambel en chef. Il est posé sur une
> crosse et accosté de deux fleurs. Gravure très-fine).

MALICORNE.

515. — Mahieu MALICORNE, bailli d'Abbeville, fait savoir
qu'en sa présence « le prieur Domont à Rue » a reçu
de Pierre le Sene, receveur d'Amiens, 12 sols parisis qui lui étaient dus. — 15 mai 1377 [2].

> (Sceau en cire noire. L'écu seul reste : il porte une
> licorne passant et un chef chargé de deux fleurs
> croisées.)

MAMETZ.

516. — Maillet de MAMMEZ, chevalier. (Montre de Mons.
de Meudon, chevalier, du 14 août 1343) [3].

MARTAINNEVILLE.

517. — Raoul de MARTAIGNEVILLE, bailli d'Abbeville, a reçu
de Pierre le Sene, receveur d'Amiens, 13 livres 6

(1) Clairambault, vol. 68.
(2) Idem, vol. 69.
(3) Idem, vol. 74.

sols 8 deniers parisis qui lui étaient dus pour ses gages du terme de la chandeleur. — 12 février 1372 [1].

> (Très-joli sceau en cire brune, malheureusement en assez mauvais état. Ecu debout, chargé d'un sautoir dentelé et d'un franc-quartier fretté. Il est soutenu des deux côtés par deux sauvages debout, à la pointe par deux lions assis, et enfin au sommet par un ange placé derriere lui. La légende est brisée.)

MAUCHEVALIER.

518. — Raoul MAUCHEVALIER, lieutenant de Regnault de Donq, chevalier, chatelain et capitaine de Beaumont-sur-Oise, a reçu de Jehan de Lion, sergent d'armes du roi et maître de l'artillerie, « IV coffres d'artillerie pour la desfence dud. Beaumont. » — 26 octobre 1369.

> (Le sceau manque).

519. — Olivier MAUCHEVALIER, écuyer d'écurie du roi, a reçu de Pierre de Sailly, receveur général des finances, 500 livres tournois pour une année de sa pension. — 23 février 1476.

> (Grand sceau en cire rouge. L'ecu porte une bande chargée de trois croix recroisetées et accompagnées de six merlettes mises en orle. Le heaume n'a pas de cimier. Le champ du sceau est chargé de feuillages. Légende en minuscules gothiques « S. Jehan Mau·.·ch., dit Olliv. » Pas de supports.)

520. — Jacques MAUCHEVALIER, chevalier, a reçu de Jacques

le Roy, receveur général des finances, 80 livres tournois pour sa pension. — 26 mai 1492 [1].

> (Grand sceau en cire rouge. Écu à une bande chargée de trois croix recroisetées et accompagnée de six merlettes mises en orle. Le heaume, sans cimier, à des lambrequins qui garnissent tout le champ du sceau. Pas de supports. Légende en minuscules gothiques : « *S. Jaques Mauchev...,.* » Bien conservé.)

MAUCOURT.

521. — Drieu de MAUCOURT, écuyer. (Montre de Jehan de Ve, chevalier, du 1ᵉʳ août 1380) [2].

MELLO.

522. — Regnaut de MELLO, écuyer, a reçu de Jehan le Flament, trésorier des guerres, 149 francs d'or pour lui, 1 chevalier bachelier et 6 écuyers de sa compagnie. — 8 août 1380.

> (Sceau en cire rouge, très-brisé. Il ne reste plus que le heaume et les supports qui sont deux lions assis.)

523. — Le même a reçu du même 195 francs d'or pour lui, 1 chevalier et 10 écuyers de sa compagnie servant « à la poursuite des Angloys, sous le duc de Bourgogne. — Chartres, 6 septembre 1380.

> (Sceau en cire rouge. Écu chargé de deux fasces et de onze merlettes, 4, 4, 2 et 1. Heaume ; cimier, une queue de paon. Supports, deux lions assis. Légende brisée.)

(1) Clairambault, vol. 71.
(2) Idem, vol 110.

524. — Guillaume de MELLO, chevalier, a reçu de Guillaume d'Enfernet, trésorier des guerres, 832 livres 10 sols tournois pour lui, 5 chevaliers et 99 écuyers de sa compagnie, servant sous le duc de Bourgogne, dans le voyage que celui-ci fait en Flandres avec le roi. — 25 août 1383 [1].

(Sceau en cire rouge, tout pareil au précédent, mais plus grand et avec un relief bien plus prononcé)

MERCASTEL.

525. — Robinet de MERCASTEL, écuyer. (Montre de Gilles de Chin, chevalier, du 1er août 1380) [2].

MILLY.

526. — Pierre de MILLY, écuyer, a reçu de Jacques Chauvel, trésorier des guerres, 69 livres tournois pour lui et 7 écuyers de sa compagnie, servant sous Mons. d'Audeneham, Mal de France. — 7 août 1352.

(Sceau en cire rouge. Ecu à une croix ancrée. Heaume. Cimier brisé. Légende illisible.)

527. — Jacques de MILLY, écuyer, a reçu de Robert de Guyse, receveur du Vermandois, 60 sols tournois pour huit jours des gages de lui et 4 écuyers de sa

(1) Clairambault, vol 73
(2) Idem, vol. 32.

compagnie, servant sous Mons. Sausset de Tilloy. —
22 août 1358.

> (Sceau en cire rouge, très-petit. Ecu seul, à un chef.
> Légende : « ✝ S. Ja.... *de Mil...* » Très-brisé sur
> les bords.)

528. — Guillaume de MILLY, chevalier, seigneur « don-
deur, » a reçu de Renaut de la Chapelle, receveur
du Vermandois, 10 livres parisis pour une rente
qu'il touche sur les domaines du roi. — 30 novembre
1373.

> (Sceau en cire rouge. Ecu à un chef chargé d'un lion
> naissant. Le heaume a pour cimier une tête de lion.
> Légende : « S. *Guille. de Mil...* »)

529. — Pierre de MILLY, chevalier, a reçu de Jehan le
Flament, 30 livres tournois pour lui et 3 écuyers de
sa compagnie, servant en Picardie sous Mons. de
Coucy. — Hesdin, 20 juillet 1380.

> (Sceau en cire rouge. Ecu seul à un chef chargé d'un
> lambel. Légende : « S. *Pier*....... » Très-mal con-
> servé.)

530. — Guillaume de MILLY, chevalier, a reçu de Jehan
le Flament, trésorier des guerres, 42 livres tournois
pour lui, 1 chevalier et 3 écuyers de sa compagnie,
servant en Picardie sous Mons. de Coucy. — 20
juillet 1380.

> (Sceau brisé.)

531. — La reveue de mess. Will. de MILLY, chlr, un aut.
chlr et trois escrs de sa comp., receuz à Arraz, le
pmier jour daoust lan M. CCC quat. vins.

Led. m. Guille. Jehan Blondin.

M. Regnaut sir d'Elbastre. Pre du Putot.

Gillot Gautier.

532. — La reveue de Mons. Pre de MILLY, chlr, un aut.
chlr, et six escuiers de sa comp. souffiz armez et
montez, reveuz à Corbueil, le pmier jour de sept.
lan M. CCC quatre vins.

Led. Mons. Pre. Pre du Putot.

Mons. Regnaut sire de Renault de Saint Marc.

Blassiez. Renault de Sorel.

Guillot Gautier. Guille. du Chastel.

Jehan Blondin.

533. — La monst. de mess. Jehan de MILLY, chlr bachlr,
et trois escrs de sa comp., rev. à Orliens le xxvᵉ jour
davril lan M. CCC IIII×× et treze.

Led. mess. Jehan. Le bastard de Milly.

Lancelot de Blargies. Symont de Goussonville.

534. — Jacques de MILLY a reçu de Marc Héron, trésorier
des guerres, 298 livres tournois pour lui, 13 écuyers
de sa compagnie accompagnant le roi « en sa bonne
ville de Paris. » — 1ᵉʳ février 1415 [1].

> (Sceau en cire rouge. Ecu à un chef chargé d'un lion
> naissant. Le heaume a pour cimier une tête de lion.
> Légende : « S. *Jaques de Milly.* » Beau relief. Belle
> conservation.)

[1] Clairambault, vol. 74.

MIRAUMONT.

535. — Mahieu, sire de MIRAUMONT, chevalier, a reçu d'Étienne Braque, trésorier des guerres, 90 livres tournois pour lui et 10 écuyers de sa compagnie, servant sous le comte d'Eu. — Hesdin, 18 août 1369.

> (Sceau en cire rouge. Ecu à 3 tourteaux. Heaume de face surmonté de 2 fanons de baleine. Légende brisée. Beau relief.

MONCHAUX.

536. — Guy, sire de MONCHAUS, chevalier, a reçu de Guillaume de Milly et de Jouffroy Coquatrix, 7 livres 10 sols tournois pour lui et 11 écuyers de sa compagnie. — Arras, 13 septembre 1302 [1].

> (Sceau en cire brune. L'écu seul est conservé; il porte un fretté, avec un franc-quartier chargé d'une fleur de lys.)

537. — Jehan de MONCHAUX, écuyer. (Montre de Thierry de Disquemue, chevalier, du 23 septembre 1380) [2].

538. — Raoul de MONCHAUX, écuyer, a reçu de Guillaume d'Enfernet, trésorier des guerres, 165 livres tournois pour lui et 10 écuyers de sa compagnie, servant en Flandres à la garde du château de l'Écluse. — Lille, 9 septembre 1387.

> (Sceau en cire rouge. Ecu seul, à une croix ancrée. Légende brisée. Mal conservé.)

(1) Clairambault, vol. 75
(2) Idem, vol. 40.

539. — Deux autres quittances du même au même, en tout pareilles à la précédente, du 10 mars et 4 décembre 1387 [1].

(Sceau brisé)

MONCHY.

540. — Jehan de Monchy, chevalier, a reçu de Guillaume d'Enfernet. trésorier des guerres, 350 livres tournois pour lui, 1 chevalier bachelier et 8 écuyers de sa compagnie, servant dans l'armée qui doit passer en Angleterre.

(Fragment de sceau en cire rouge. On ne distingue plus que l'écu chargé de trois maillets.)

541. — Emon de MONCHY, écuyer, a reçu de Pierre de Sailly, receveur général des finances, 350 livres tournois que le roi lui donne. — 3 mars 1476.

DE MONCHY [2].

(Le sceau manque)

MONSURES.

542. — Hue de MONSURES, écuyer, du bailliage d'Amiens, a reçu de François de Lospital, clerc des arbalétriers, 50 sols tournois pour « le demourant de ses gaiges en lad. guerre. » — St.-Quentin, 20 octobre 1339.

(Sceau en cire rouge. Ecu seul à une croix pleine chargée de 5 fermaux. Légende brisée.)

[1] Clairambault, vol. 75.
[2] Idem, vol. 75

543. — Quittance du même au même de 35 sols tournois, etc. (comme ci-dessus.) — 27 octobre 1339.

> (Sceau en cire brune ; le même que ci-dessus. Légende : « ... . *cel Hue de.......* » Mauvais état.)

544. — Enguerran de MONSURES, écuyer, a reçu d'Etienne Braque, trésorier des guerres, 67 livres 10 sols tournois pour lui et 8 écuyers de sa compagnie, servant sous le comte d'Eu. — 4 août 1369 [1].

> (Sceau en cire rouge. Ecu seul, à une croix chargée de 5 fermaux. Légende brisée.)

MONTCAVREL.

545. — Jehan, sire de MONTCAVREL, chevalier, a reçu de Pierre Chanteprime, trésorier des guerres, 180 livres tournois pour lui, 1 chevalier et 8 écuyers servant à la garde de Boulogne. — Thérouanne, 29 mars 1377.

> (Sceau en cire rouge. Ecu à 3 quintefeuilles et un chef. Heaume ; cimier une tête de maure barbu, vue de profil. Supports, 2 griffons. Légende brisée entièrement. Joli relief.)

546. — Le même a reçu du même 180 livres tournois pour lui, 1 chevalier et 8 écuyers de sa compagnie, servant en Picardie sous Mons. de Coucy.— Thérouanne, 6 juin 1378.

> (Très-joli sceau en cire rouge. Ecu à 3 quintefeuilles et un chef. Heaume ; cimier, une tête de maure barbu, vue de profil. Le champ du sceau est semé de hachures croisées. Légende : « *Jehan, sire de Montcav.......* »)

(1) Clairambault, vol. 75.

547. — La reveue de mess. Jehan, sire de MONTCAVREL, chr̃, un ant. chr̃ et huit escr̃s de sa comp., reveuz à Boulongne le pm̃ier jour de février, l'an M. CCC IIII^{xx}.

Led. sire de Montcavrel.

Mess. Robt. de Berguettes.

Tassart de Montcavrel.

Regnault Pierre.

Jehan Rogier.

Robert de Bellebronne.

Jehan de Tauquelle.

Berthram de Wandrigue-hem.

Jehan du Plouich.

Will. de Honvault.

548. — Quittance donnée par Jehan de MONTCAVREL, chevalier, à Guillaume d'Enfernet, trésorier des guerres, de 90 livres tournois pour lui bachelier, 4 chevaliers et 15 écuyers de sa compagnie, servant dans l'armée qui doit passer en Ecosse sous Jehan de Vienne, Amiral de France. — L'Escluse, 8 mai 1385.

(Sceau en cire rouge , pareil au n° 545)

549. — La reveue de mess. Jehan, sire de MONTCAVREL, chr̃, IIII auts̃ chr̃s et XXII escr̃s de sa comp., reveuz à Edembourt en Escoce, le IIIIe. jour d'aoust, l'an M. CCC IIII^{xx} cinq.

CHLR̃S.

Le dit Montcavrel.

Mess. Jehan de Miromont.

Mess. Jeh. de Frieucourt.

Mess. Rasset de Renty.

Mess. Chastellet de Renty.

ESCR̃S.

Guille de Briemeu.

Guyot de Miromont.

Le Borgne de Rueil.

Jeh. de Blangy.

Jeh. le Hure.

Griffon de la Cappelle.

. . . .

Maillot de Renty.

Wallet de Renty.

.   .   .   .

Jeh. de Frieucourt.   Le bastard d'Aisicourt.

Oudart de Renty.

550. — La reveue de mess. Jehan, sire de MONTCAVREL,
chĩr, huit escrs de sa compaig., reveuz à Boulongnes
le p̄mier jour de septembre, l'an M. CCC IIII^{xx} VII [1].

Led. seigr̃ de Montcavrel.   Guille de Honvault.

Tassin de Montcavrel.   Jehan du Plouy.

Bertheran de Waudrigue-   Regnault Pierre.

han.   Notaut du Fayel.

Hannequin Rogier.   Griffon de la Chapelle.

551. — Regnaut de MONTCAVREL, écuyer. (Montre de
Jehan Brichart, chevalier, du 27 septembre 1386.) [2].

MONTREUIL.

552. — Florimond de MONTREUIL, chevalier. (Montre de
Guérard de Tartery, chevalier, du 1er septembre
1380) [3].

(1) Clairambault, vol. 75.

(2) Idem, vol. 22.

(3) Idem, vol. 105.

MOYENCOURT.

553. — Jehan de MOYENCOURT, écuyer, a reçu de Hémon Raguier, trésorier des guerres, 375 livres tournois pour lui et 24 écuyers de sa compagnie, servant à la poursuite des Anglais sous le vicomte de Narbonne. — 15 octobre 1420.

> (Sceau en cire rouge, très-brisé. Il ne reste qu'un écu écartelé, au 1ᵉʳ et 4ᵐᵉ 2 fasces, au 2ᵐᵉ et 3ᵐᵉ un lion.)

554. — Quittance du même au même, de 218 livres tournois, pour lui et 13 écuyers, etc. (comme ci-dessus.) — 15 septembre 1421 [1]..

> (Grand sceau en cire rouge, bien conservé. Ecu écartele, au 1ᵉʳ et 4ᵐᵉ 2 fasces, au 2ᵐᵉ et 3ᵐᵉ un lion passant Heaume; cimier, un arbre. Supports, deux lions passant. Légende en minuscules gothique : « . Jehan de Moiencourt »

(1) Clairambault, vol 75

U.

———◊———

NEUFVILLE.

555. — La monstre de Jehan de NEUFVILLE, escr, et deux
escrs en sa comp., receue à Caen le iiiie jour d'aoust,
l'an M. CCC LVI [1].

Ledit Jehan, cheval blanc, estele au front.
Jehan de Boys Hubout, cheval noir.
Robinet de Berangueville, cheval fauve, jambes plus
noires.

———

LA NEUFVILLE.

556. — Symon de LA NEUFVILLE, écuyer. (Montre de Raoul
de Gaucourt, chevalier, du 14 août 1395) [2].

(1) Cartons du Cab. des titres.
(2) Clairambault, vol. 52.

NOYELLES.

557. — Hue de NOIELE, chevalier. (Montre de Mons. de Meudon, du 14 août 1343) [1].

[1] Clairambault, vol. 74.

❶.

OCCOCHE.

558. — Martelet Daucoch, écuyer, a reçu d'Étienne Braque, trésorier des guerres, 82 livres 10 sols tournois pour lui et 10 écuyers de sa compagnie, servant sous le connétable. — Rouen, 5 août 1369 [1].

> (Petit sceau en cire rouge. Ecu seul portant une fasce chargée au côté sénestre d'un croissant, et surmontée de 3 coqs. Légende : S....... *Dococh.* »)

ONGNIES.

559. — Richard d'Ognies, écuyer. (Montre de Amaury Pourcel, écuyer, du 1er août 1380) [2].

560. — Guiot de Dognies, écuyer, a reçu de Renaut de Longueil, trésorier des guerres, 225 livres tournois

(1) Clairambault, vol. 7.
(2) Idem, vol. 89.

pour lui et 14 écuyers de sa compagnie, servant en
Picardie sous messire Jacques de Heilly, banneret.
— 16 novembre 1412.

> (Petit sceau en cire rouge. Le cimier du heaume et
> l'écu sont tout à fait effacés. Légende : « *Guiot
> Dongnies.* »)

561. — Loys d'Ongnyes, comte de Chaulne, chevalier de
l'ordre du Roi, capitaine de 30 hommes d'armes
des ordonnances, a reçu d'Étienne Galma, trésorier
des guerres, 54 livres tournois pour un quartier de
ses gages. — 22 août 1572.   Loys Dongnyes[1].

> (Sceau effacé.)

.

(1) Clauambault, vol. 82.

.

.

.

P.

LA PERSONNE.

562. — La reveue de mess. Jehan LA PERSONNE, viconte Dacy, cappitaine de la bastide Sainct Anthoine de Paris, de six escuiers et de dix arbalétriers de sa compaignie, reveuz à lad. bastide, le p͂mier jour de mars lan M. CCC IIII ˣˣ VII.

Led. mess. Jehan La Per-sonne.

Patoul Dourebraux.

Girardin de Vaux.

Jehan de Fontaynes.

Gautier de Latre.

Henriet, bastard Dacy.

Oudart de Courteville.

ARBALESTRIERS.

Guillemin Goddefroy.

Jehannin Emet.

Hennequin de Linières.

Wille. de Crequières.

Jehannin de Vaux.

Guilleumin Faucon.

Jacob de Warchies.

Jaquin Havyn.

Guyot Lartilleur.

PICQUET.

563. — Jehan PIQUET, bailli d'Arras, a reçu d'Andrieu le
Sauvage, son lieutenant, la somme « de deniers
contenues es-lettres de Mons. Pierre de Sechelez, »
chevalier, gouverneur du comté d'Artois. — 16 février 1347.

> (Fragment de sceau en cire rouge. Il ne reste qu'un
> morceau de l'écu qui porte une barre et une étoile
> au canton sénestre du chef.)

564. — Jehan PICQUET, bourgeois d'Amiens, « conseiller
général en la province de Reims, sur le fait de la
guerre, » a reçu 150 francs d'or qui lui étaient dus
pour ses gages. — 18 octobre 1382.

> (Sceau informe en cire rouge.)

565. — Pierre PIQUET, payeur de la compagnie de 40
lances des ordonnances du Roi, sous la charge du
comte d'Enghien, a reçu de Jacques Beau, trésorier
des guerres, 56 livres 5 sols tournois pour un quartier de ses gages. — 20 avril 1552 [1].

> PICQUET.
>
> (Pas de sceau.)

PICQUIGNY.

566. — Jehans, vidame d'Amiens, sire de PICQUIGNY, a
reçu en prêt du Roi de France, 400 livres tournois.
— 1290, « lundi devant le quaresme. »

> (Pas de sceau.)

(1) Cartons du Cab des Titres.

567. — Mahieu de Picquigny, chanoine d'Amiens, a reçu
de Pierre Chapel, receveur général de l'aide pour la
guerre, 138 livres tournois pour ses gages.— 3 août
1347.

> (Sceau en cire rouge. Ecu seul, écartelé, au 1er et 4e
> un fascé de 6 pièces et une bordure, au 2e et 3e un
> lion passant. Il est posé au centre d'une rosace
> ogivale, soutenu par deux sauvages, et surmonté
> d'un griffon couché de profil.)

568. — Philippe de Picquigny, capitaine de Bernay, a reçu
de Jacques Lefranc, receveur d'Orléans, 200 écus
que le Roi de Navarre lui donne. — 19 août 1352.

> (Sceau effacé.)

569. — Guérart de Picquigny, doyen de Therouanne, frère
et lieutenant de noble Philippe de Picquigny, chevalier, maréchal du Roi de Navarre, capitaine des
château et ville de Pont-Audemer, a reçu pour son
frère, du receveur de Pont-Audemer, 260 francs 19
sols et 2 deniers pour une pension à vie que le Roi
de Navarre lui donne. — 12 août 1383.

> (Sceau en cire rouge. Ecu seul, fascé de 6 pieces à
> une bordure, posé sur une rosace gothique. Plus
> de légende.)

570. — Deux quittances exactement semblables à la précédente, du 6 juin 1364 et du 4 novembre 1366.

> (Mêmes sceaux que ci-dessus. Même conservation.)

571. — Renaut de Picquigny, chevalier, a reçu de Jehan
le Flament, trésorier des guerres, 75 livres tournois
pour lui et 3 écuyers de sa compagnie, servant en

Flandres sous Mons. de Sempi. — St.-Omer, 2 décembre 1383[1].

(Sceau brisé.

POIX.

572. — Jehan de Pois, écuyer, a reçu de Jehan Chauvel, trésorier des guerres, 6 livres tournois pour lui, servant sous Mons. Jehan de Clermont, M^{al} de France. — 13 février 1355.

> (Sceau en cire rouge. Ecu seul, à une bande accompagnée en chef de 2 croisettes et d'une étoile en pointe. Gravure grossière. Légende: « ...n de Poi.. »)

573. — Jehan, sire de Poix, chevalier, a reçu d'Étienne Braque, trésorier des guerres, 285 livres tournois pour lui, 3 chevaliers et 12 écuyers de sa compagnie, servant sous Mons. de Hocourt, chevalier. — Abbeville, 11 janvier 1369.

> (Sceau en cire rouge. Ecu seul, semé de croix recroisetées à une bande sur le tout, placé au centre d'une rosace gothique. Légende brisée.)

574. — David de Poix, sire de Brimeu, chevalier, a reçu de Pierre Chanteprime, trésorier des guerres, 120 francs d'or pour lui, 1 chevalier et 4 écuyers de sa compagnie, servant en Picardie sous le maître des arbalétriers. — Thérouanne, 26 août 1373.

> (Sceau en cire rouge. Ecu écartelé au 1er et 4° 3 aiglettes; au 2° et 3° une bande accompagnée de 4 croisettes. Pas de supports. Heaume cerclé d'une couronne fleurdelysée. Le tout entouré d'un filet d'où sortent des fleurons qui convergent vers le centre du sceau Légende brisée.)

(1) Clairambault, vol 86.

575. — La monst. de Rogue de Poix, chr̃lr, et trois aut. escr̃s de sa comp., reveuz à Corbeil en croissance des gens de la comp. de M. Guille., seig̃r de la Neuville, le p̃mier jour de septembre lan ᴍ. ccc ɪɪɪɪˣˣ.

Ledit Rogue.	Enguerran de Lambres.
Robinet de Courteville.	Bertaut de Merque.

576. — Guillaume de Poys, chevalier, a reçu de Jehan le Flament, 90 francs d'or pour lui et 7 écuyers de sa compagnie, servant en Picardie et Flandres sous l'amiral de France. — 5 juin 1383.

> (Sceau en cire rouge. Ecu seul à une bande chargée de trois écussons et accompagnée de 6 croix recroisetées, 3 en chef, 3 en pointe. Légende illisible.)

577. — Rogue de Poix, chevalier, a reçu de Guillaume d'Enfernet, trésorier des guerres, 60 livres tournois pour lui bachelier, et un autre chevalier bachelier « de sa chambre, » servant à la garde de la Picardie sous le sire de Saveuses. — Thérouanne, 26 juin 1386.

> (Sceau en cire rouge. Ecu écartelé, au 1ᵉʳ et 4ᵉ une bande accompagnée de 6 croix ; au 2ᵉ et 3ᵉ fretté. Heaume : cimier, une tête de maure barbu, de profil. Support, 2 lions accroupis. Légende brisée. Joli relief.)

578. — Jehan de Poix, écuyer, a reçu de Jehan de Pressy, trésorier des guerres, 255 livres tournois pour lui, 1 chevalier, 10 écuyers et 8 archers de sa compagnie, servant sous le duc de Bourgogne. — 10 mai 1412 [1].

> (Sceau en cire rouge. L'écu est brisé. Le heaume a pour cimier une tête de lion dans un vol, il est accosté des quatre lettres suivantes, deux de chaque côté . ᴮ ᴹ' ᴬ ᴿ .)

(1) Clairambault, vol. 87.

PONT-REMY.

579. — La reveue de Mons. Lermite du PONT-DE-REMY,
ch̃lr, et 10 escr̃s de sa compaignie, reveuz a labaie
de Permelle, le quatorziesme jour de septembre lan
mil ccc iiii[xx] v.

Lediz mess. Lermite.	Baudet de Londefort.
Tirant des Prez.	Ridel Cousin.
Hue de Werchin.	Jacques de Riencourt.
Jeh. Palette.	Désiré de Neuville.
Robert de Sotteville.	Simon de Hardentun.
Guille. Machart.	

580. — Deux montres exactement pareilles à la précédente, du 20 septembre et du 30 octobre 1385.

581. — La reveue de mess. L'Ermite du PONT-DE-REMY,
ch̃lr bachī̃r et huict escuiers de sa comp., receuz à
l'Escluse, le p̃mier jour de decembre lan m. ccc iiii[xx]
viii[(1)].

Led. mess. Lermite.	Jeh. de..........
Jehan de Rély.	Simon de Hardentun.
Jeh. Dalement.	Hue de Werchin.
Guille. Ferry.	Désiré de Neuville.
Tirant des Prez.	

(1) Cartons du Cab. des Titres.

ℚ.

QUERRIEUX.

582. — Isaac de QUERRIEU, écuyer, a reçu de Nicolas Odde, trésorier des guerres, 30 livres tournois pour lui et 2 écuyers de sa compagnie, servant sous Raoul de Raineval, sire de Pierrepont, Pannetier de France. — Semur-en-Auxois, 8 juin 1358.

> (Sceau en cire rouge. Ecu à un lion passant. Légende : « ✝ S. *Ysaac de Kierrieu.* » Bien conservé.)

583. — Quittance du même au même, de 6 livres tournois, etc... (comme ci-dessus). — 2 mars 1367 [1].

QUESNES (DES).

584. — Suriau des QUESNES, chevalier, a reçu de Jehan le Flament, trésorier des guerres, 72 livres 8 sols tournois pour lui, 1 chevalier et 8 écuyers, servant à la

_____

(1) Clairambault, vol. 91.

poursuite des Anglais, dans la compagnie de Mons. de Sempi, et sous le duc de Bourgogne. — Amiens, 1er février 1380.

> (Sceau en cire rouge. Ecu à la croix chargée de 5 sautoirs. Le heaume a pour cimier une tête de Roi couronné de profil. Supports, deux lions léopardés. Le tout, très petit, placé au centre d'une croix aux bouts arrondis, de manière que les lions sont chacun dans un des bras de la croix. Légende effacée)

585. — La reveue de mess. Suriau des QUESNES, chlr, un aut. chlr et huict escrs de sa comp., reveuz à Arras, le pmier jour daoust, lan mil ccc IIII^xx.

Led. mess. Suriau.	Pre Malet.
Mess. Regnault de Sailly.	Robin d'Aussonville.
Ferrant des Quesnes.	Jehan de le Mote.
Le bastard des Quesnes.	Lancellot de Liques.
Colinet de Meaunnay.	Despert de Fénières.

586. — Suriau des QUESNES, chevalier, a reçu de Jehan le Flament, trésorier des guerres, 180 francs d'or pour lui, 1 chevalier et 8 écuyers, servant à la poursuite des Anglais, dans la compagnie de Mons. de Sempi, et sous le duc de Bourgogne.—Chartres, 7 septembre 1380.

> (Sceau en cire rouge, tout pareil à celui du n° 584.)

587. — Quittance du même au même, de 83 livres 10 sols tournois, etc... (comme ci-dessus). — 24 décembre 1380.

> (Même sceau qu'au n° 584.)

588. — La monst. Mons. Karados DEQUESNES, chlr bachlr,

dun aut. chĩr bachĩr et ɪɪɪ escuicrs de sa compaignie,
reveuz à Arraz le xvɪɪɪᵉ jour de juing lan mil ccc
ɪɪɪˣˣ'et cinq par nous Guy de Pontoilles, mareschal
de Bourgñe.

Led. Mons. Karados, chĩr.	Guille. des Quesnes.
Mons. Ferant des Quesnes,	Le bastard de Maventin.
chĩr.	Henart Desquiny.

589. — Carados DESQUENNES, chevalier, a reçu de Guillaume d'Enfernet, trésorier des guerres, 110 livres
tournois pour lui, 1 chevalier et 3 écuyers de sa
compagnie, servant à la garde de la Flandres, sous
Mons. de la Trémouille. — Bruges, 27 juin 1385.

(Sceau en cire rouge, tout à fait brisé.)

590. — Suriau des QUESNES, chevalier, a reçu de Guillaume
d'Enfernet, trésorier des guerres, 112 francs 10 sols
tournois pour lui bachelier et 6 écuyers servant en
Picardie sous Mons. de Saveuses. — Amiens, 26
avril 1387.

(Sceau en cire rouge. Ecu à une croix chargée de 5
sautoirs. Heaume : cimier, une tête de Roi de profil.
Supports, 2 lions assis. Légende : « *Scel... ... . es-
quennes, chr.* » Mal conservé.)

591. -- La reveue de mess. Suriau des QUESNES, chĩr, et
quatre escr̃s de sa comp., reveuz à Ardre le p̃mier
jour de may mil ccc ɪɪɪɪˣˣ vɪɪ.

Led. mess. Suriau.	A DEM. PAIE.	
Jeh. de Brunauhos.	Henry Jolly,	
Martin de Livry.	Thomas Paullet,	archr̃s.
P̃re des Masis.		

592. — Hugue des Quesnes, dit Suriau, chevalier, a reçu de Guillaume d'Enfernet, trésorier des guerres, 90 francs d'or pour lui et 4 écuyers de sa compagnie, servant à la défense d'Ardre, sous mess. de Saveuses. — 27 juin 1387.

> (Sceau en cire rouge. Le même qu'au n° 590 Légende effacée)

593. — La revene mess. Carados des Quesnes, chlr, un aut. chlr et huit escrs de sa comp., reveuz à St.-Omer le pmier jour d'aoust, l'an M. CCC IIII^{xx} et VII.

Led. mess. Carados.	Henry Goguery.
Mess. Jehan de Crezeques.	Thomas le Bleu.
Jehan Polin.	Alardin de Surmont.
Guille de Gamaches.	Henry de Guébienfay.
Jehan Mauchevalier.	Pre de Tilloy.

594. — La montre du bastard des Qüenes, escr, et quatre aut. escrs de sa comp., dont l'un est à demi-paie, monstrée à Ard. le pmier jour de septbre, l'an M. CCC IIII^{xx} et VII.

Ledit bastard.	Antoine de Brau.
Freminot de Machy.	A DEMI PAIE.
Jaques de Bertangles.	Jeh. du Mont, arch.

595. — Noël, bastard Desquennes, a reçu de Guillaume d'Enfernet, trésorier des guerres, 67 francs d'or pour lui et 4 écuyers de sa compagnie, servant en Picardie sous mess. de Saveuses. — St.-Omer, 22 octobre 1387.

> (Sceau en cire rouge, tout à fait effacé.)

596. — La revenue de mess. Carados des QUENNES, chlr, et VIII escrs de sa comp., souffiz arm. et montez, receuz à St.-Omer le pᵐier jour de novembre, l'an M. CCC IIII ˣˣ VII.

Led. mess. Carados.	Jeh. de Ravenel.
Walet de Montigny.	Jeh. Mauchevalier.
Ancellet de Lesglantier.	Jeh. de Werchin.
Le Lorrain de Guermigny.	Ector Quicret.
Millet de la Boissière.	

597. — Trois autres montres exactement semblables à la précédente, du 1ᵉʳ septembre, du 1ᵉʳ octobre et 1ᵉʳ décembre 1387.

598. — La mont. de mess. Karados des QUESNES, chlr bachlr, ung aut. chlr bachlr et deux escrs de sa comp. rec. à Orliens le xxvᵉ jour d'avril, l'an M. CCC IIIIˣˣ et treize.

Led. mess. Karados.	Gauvgin de Bouvillers.
M. Regn. de Quiquepoix.	Jeh. Freret.

599. — Karados des QUESNES, chevalier, a reçu de Jehan Chanteprime, trésorier des guerres, 90 francs d'or pour lui, 1 chevalier et 2 écuyers accompagnant le connétable devant « la ville et chastel de Doure. » — Orléans, 28 avril 1393 [1].

(Sceau en cire rouge, tout-à-fait écrasé.)

[1] Clairambault, vol 91.

13.

600. — Jehan des QUESNES, écuyer. (Montre de Jehan de Nesle, S^{gr} d'Offémont, du 10 août 1386)[1].

601. — Karados DESQUENNES, chevalier, Morlet DESQUENNES, écuyer. (Montre de Raoul de GAUCOURT, chevalier, du 14 août 1395) [2].

QUIÉRET.

602. — Enguerran QUIÉRET, dit Boort, chevalier, a reçu de Barthélemy du Drach, trésorier des guerres, 137 livres 4 sols tournois, pour lui bachelier et 6 écuyers de sa compagnie, « ayant servi en lhost de Bouvines » sous les maréchaux de France. (Date déchirée.)

(Le sceau manque.)

603. — Enguerran QUIÉRET, chevalier, a reçu de François de Lospital, clerc des arbalétriers, 30 livres tournois pour lui et 10 écuyers ayant servi « en ceste derain ost. » — St.-Quentin, 28 octobre 1339.

(Fragment informe de sceau en cire rouge.)

604. — Lionel QUIÉRET, écuyer, a reçu de Jehan du Change, trésorier des guerres et receveur d'Amiens, 138 livres, 4 sols 4 deniers tournois pour lui et 2 écuyers de sa compagnie, servant en Hainaut et en Flandres. — Abbeville, 29 août 1341.

(Le sceau manque.)

(1) Clairambault, vol. 80
(2) Idem, vol. 52.

605. — Guy QUIÉRET, chanoine d'Amiens, Conseiller du roi de Navarre, a reçu 100 écus d'or de Guart du Bos, vicomte de Valongnes. — 4 mai 1362.

>(Fragment de sceau en cire brune. On ne distingue plus que l'écu chargé de 3 fleurs de lys au pied nourri.)

606. — Enguerran QUIÉRET, écuyer, a reçu de Jacques Renart, trésorier des guerres, 105 livres tournois pour lui et 6 écuyers de sa compagnie, servant sous Louis de Saintré, M^{al} de France, contre certaines compagnies venues d'Allemagne. — 16 mars 1375.

>(Très-petit sceau en cire rouge, qui n'est que l'empreinte d'une bague. Ecu à 3 fleurs de lys et un lambel en chef. L'écu est surmonté d'une cigogne, de profil.)

607. — Boort QUIÉRET, chevalier, a reçu de Jehan le Flament, trésorier des guerres, 70 francs d'or pour lui, 1 chevalier et 10 écuyers de sa compagnie, servant en Picardie sous Mons de Coucy. — Abbeville, 5 juillet 1380.

>(Sceau brisé.)

608. — La monst. de mess. Boort QUIÉRET, un aut. chlr̃ et huit escr̃s de sa comp., reveuz à Abbeville le xxe jour de juillet, l'an M. CCC quatre vins.

Ledit Boort.	Robert de Werchin.
M. Pierre de Becquignies.	Jehan de Souastre.
Thomas Lalement.	Regnault de la Viefville.
Marc du Péron.	Colin du Gardin.
Jaquet du Bois.	Jehan Hemart.

609. — Boort QUIÉRET, chevalier, a reçu de Jehan le Fla-

ment, 72 livres tournois pour lui, 1 chevalier et 8 écuyers de sa compagnie , servant en Picardie sous Mons. de Coucy. — 20 juillet 1380.

> (Sceau en cire rouge , bien conservé. Écu à 3 fleurs de lys au pied nourri. Le heaume a pour cimier deux ailes d'oiseau. Supports , deux oiseaux les ailes éployées. Légende : « S. Henry Quiéret... . . . . de Tours »)

610. — Henry dit Boort QUIÉRET, chevalier, a reçu de Jehan le Flament, trésorier des guerres , 120 livres tournois, etc... (comme ci-dessus). — Corbie, 4 août 1380.

> (Même sceau que ci-dessus , mais moins bien conservé.)

611. — Quittance du même au même, de 150 francs d'or pour lui, 1 chevalier et 6 écuyers servant dans la compagnie du sire de Coucy, sous le duc de Bourgogne. — 5 septembre 1380 [1].

> (Le sceau manque.)

612. — Enguerran QUIÉRET , écuyer. (Montre du sire de Sempi, du 1er octobre 1380.) [2]

613. — Enguerran QUIÉRET, dit le Bort , chevalier, a reçu de Jehan de Pressy, trésorier des guerres , 450 livres tournois pour lui, 12 écuyers et 32 archers de sa compagnie , servant sous le duc de Bourgogne. — 9 mai 1412.

> (Sceau en cire rouge , mal conservé. Écu écartelé, au 1er et 4me 3 fleurs de lys au pied nourri ; au 2me et 3me un lion passant. Supports, 2 lions passant. Tout le reste est brisé.)

---

(1) Clairambault, vol. 91.
(2) Idem , vol. 102.

614. — Jehan Quierret, dit Rifflart, écuyer, a reçu de Marc Héron, trésorier des guerres, 180 livres tournois pour lui et 11 écuyers de sa compagnie, servant dans le pays de Caux sous Mons. d'Albret, connétable. — 19 octobre 1415.

> (Très-beau sceau en cire rouge. Écu à 3 fleurs de lys au pied nourri. Heaume; cimier, une tête de griffon dans un vol. Supports, deux griffons appuyés sur l'écu. Légende en minuscules gothiques : « S. *Jehan Quieret, dit Riflart.* »

615. — Pierre Quiéret, écuyer, capitaine du chateau d'Airaines, a reçu de Colart de Beaurain, receveur en Ponthieu, 60 livres tournois pour Colart Ristore, Adam de Rouvroy, Willot Duponchel, Phot Frise, Jehan Roussel et Hanequin Postel, arbalétriers, servant sous ses ordres à la garde dudit chateau d'Airaines. — 4 février 1416 [1].

> (Sceau en cire rouge. Écu à 3 fleurs de lys au pied nourri, brisé d'une étoile en chef. Heaume; cimier, une tête de chien dans un vol. Tout le reste est brisé.)

(1) Clairambault, vol. 92.

R.

RAINCHEVAL.

616. — Hue de RAINCHEVAL, écuyer, chatelain et capitaine
du chateau du Crotoy, a reçu de Pierre le Sene,
receveur d'Amiens et de Ponthieu, 500 florins à-
compte sur la somme de 2,000 francs d'or qu'il
prend chaque année sur la recette du Ponthieu, pour
les gages de lui, 10 hommes d'armes et 10 arbalétriers servant à la garde dudit chateau.—8 novembre
1369 [1].

> (Sceau en cire rouge. Écu chargé de 3 tierces et d'un
> lion passant sur le tout, soutenu par un sauvage
> qui est debout derrière l'écu. Légende brisée.)

RAINEVAL.

617. — La monst. de Mons. Waleran de RAINEVAL, chĩr
bannĩ, xvi chĩrs bachĩrs et xxvi escuiers reveue à

(1) Clairambault, vol. 93.

Sainct-Riquier en la comp. de Mons Raoul de RENNE-
VAL, pannet. de France, le premier jour de may lan
M CCC LX nuef oultre le nomb. de trente hommes
d'armes quil avoit p. avant au s̄vice du Roy n̄res.

CH̄LRS.

Led. Mons. Waleran, bann̄t.

Mons. Wille de Milly.

Mons. Pierre de Milly.

Mons. Geffroy de Charny.

Mons. de Wadencourt.

Mons. de Hangest.

M. Charles son frère.

Mons. Hubert de Hangest.

Mons. Jehan de Sᵗ-Saullieu.

Le sire de Buissu.

Mons. d'Engodessant.

Mons. Lancelot son frère.

Mons. Legle de Dains.

Mons. de Saveuses.

Le sire de Béloy.

Le seigneur de Fransu.

M. Ysaac de Kerrieu.

ESCUIERS.

Saigremor d'Araines.

Jehan de Famechon.

Robert Boulars.

Hue d'Araines.

Pierre de Milly.

Baudoin de Havoilles.

Baudoin d'Arguel.

Taffin de D̄omesnil.

Simonet Pié de Lou.

Pierre Choquet, dit Bat les
     Eaux.

Jeh. du Fayel.

Pierre d'Amiens.

Le Brun de Sains.

Trousselle de Sains.

Jehan de le Mote.

Bauduin de le Mote.

Jehan de Bachimont.

Romissart de Rochefay.

Mahieu de Béloy.

Drieu de Bachimont.

Jehan le Vicomte.

Karados des Quesnes.

Frémont du Plouys.

Hémont de la Folie.

Jehan de Nuefville.

618. — Raoul de RAINEVAL, sire de Pierrepont, chevalier,

pannetier de France, a reçu d'Étienne Braque, trésorier des guerres, 300 francs d'or pour lui banne- ret, 1 chevalier banneret, 15 chevaliers bacheliers et 41 écuyers de sa compagnie, servant sous le comte de St.-Pol. — 12 octobre 1370.

> (Sceau en cire rouge, tout brisé, sauf le heaume qui a pour cimier une tête de dragon, avec les ailes éployées. Légende : « S Raoul.. ... . »).

619. — La monst. mess. Waleran de RENEVAL, chīr bannī, six aut. chīrs bachīrs et vins escīrs de sa compaignie, receuz à Saint Clout le p̄mier jour de sept. lan mil CCC LXXII.

Led. mess. Waleran, bannī.

M. Yvon, sire de Guaren- chieres.

Le sire du Bey.

M. Jehan de Guichanville.

Mess. Gaut. Benoist.

Mess. Robin d'Aumont.

ESCUIERS.

Ancelet de Lesglantier.

Baudet de Bougainville.

Cambrussot de Neuville.

Despert de Juvigny.

Jehan de Biencourt.

Lambrois de Lambres.

François de Roucourt.

Hennequin de Cantepie.

Camperonne.

Jehan de Eaucourt.

Colinet de Burbette.

Pierre Crustière.

Jehan de Hideville.

Périnet de Grasmenil.

Estiennet de Sahurs.

Le Borne de Mondoucet.

Jehan Baigniart.

Guille. de Brocheronde.

Jehan Roussel.

Thiébaut de Théauvillers.

620. — Waleran de RAYNEVAL, chevalier, a reçu de Jehan le Flament, trésorier des guerres, 90 livres tournois

pour lui banneret, 2 chevaliers bacheliers et 7 écuyers de sa compagnie, servant en Picardie sous Mons. de Coucy. — Hesdin, 20 juillet 1380.

> (Sceau en cire rouge, mal conservé. Écu à une croix pleine, chargée de 5 coquilles. Heaume cerclé d'une couronne fleurdelysée. Cimier, une tête de chien. Toute la légende manque.)

621. — Quittance du même au même, de 225 livres tournois, etc... (comme ci-dessus). — Corbie, 4 août 1380.

> (Même sceau que ci-dessus.)

622. — La reveue de M. Waleran de RAINEVAL, chlr bannt, 2 auts chlrs bachlrs et sept escuiers de sa comp., reveuz à Corbueil le pmier jour de sept. lan M. CCC quatre vins.

Led. mess. Waleran, bannt.	Jehan de Pas. Fremont de Boubert.
M. Ysaac, sire de Quierrieu.	Barthelemieu de Saigneville.
Mess. de Glisy.	Richard le Gascoing.
Le Brun de Sailly.	Baudesson d'Abouville.

623. — Raoul de RAINEVAL, chevalier et conseiller du Roi, a reçu de Jehan Chanteprime, trésorier des guerres, 240 francs d'or pour un mois de ses gages. — 20 avril 1385.

> (Sceau en cire rouge, très-beau et très-bien conservé. Écu à une croix chargée de 5 coquilles. Heaume couronné. Cimier, un dragon, les ailes éployées. Le champ du sceau est semé de hachures croisées. Légende : « *Raoul, sire de Raineval, conseiller du Roy.* »)

624. — Jehan de RAINEVAL, écuyer, a reçu de Jehan de Pressy, trésorier des guerres, 85 livres tournois pour lui, 1 chevalier, 6 écuyers et 2 archers de sa compagnie, servant sous le duc de Bourgogne, pour chasser les ennemis du royaume. — 28 octobre 1411 [1].

> (Très-joli sceau en cire rouge. Écu à une croix chargée de 5 coquilles. Heaume couronné. Cimier, un dragon les ailes éployées. Supports, 2 lions accroupis avec une patte sur le heaume et l'autre sur l'écu. Légende : « *S. Jehan de Rayneval.* »)

RAMBURELLES.

625. — Huc de RAMBURELLES, écuyer, maître d'hôtel du comte de St.-Pol, connétable de France, certifie qu'il a fait prendre au grenier à sel un « minot de sel, mesure de Paris, » pour la provision dudit connétable. — 9 décembre 1463 [2].

DE RAMBURELLES.

(Pas de sceau.)

RAMBURES.

626. — Andrieu, sire de RAMBURES, chevalier, du bailliage d'Amiens, a reçu de Guillaume de Milly, 16 livres tournois pour lui et « 11 armeures de fer pour le

---

(1) Clairambault, vol. 93.
(2) Idem, vol. 93.

s̃vice de lost de Flandres. » — Arras, mardi.......
1302.

> (Sceau en cire brune, dont il ne reste plus qu'un tout
> petit écusson à trois fasces et une cotice sur le tout.

627. — Drouet de RAMBURES, écuyer, a reçu de Jacques
Lempereur......... pour lui et 2 écuyers de sa compagnie, servant en Normandie, sous Louys de Harcourt. — Pont-Audemer, 17 octobre 1337.

> (Sceau en cire rouge. Écu à trois fasces et une cotice
> sur le tout. Tout le reste est brisé.)

628. — André, sire de RAMBURES, chevalier, a reçu de
Jehan le Flament, 90 francs d'or pour lui et 7
écuyers de sa compagnie, servant en Basse-Nor-
mandie sous Mons. de la Rivière et Mons. Guillaume
des Bordes, chevaliers, chambellans du Roi. — 14
juin 1378.

> (Petit sceau en cire rouge. Écu à trois fasces, brisé
> d'un écusson sur la 1re fasce. Heaume : cimier,
> une tête de crocodile. Supports, 2 lions. Légende
> brisée.)

629. — Thomas de RAMBURES, écuyer, a reçu de Pierre
Cauchon, trésorier des guerres, 185 livres tournois
pour lui et 10 écuyers servant dans la compagnie du
connétable de France. — Meun-sur-Loire, 28 mai
1380.

> (Sceau en cire rouge. Écu seul, à 3 fasces, posé au
> centre d'une rosace gothique. Légende : « S Th.
> . .. .. res. »)

630. — Andrieu de RAMBURES, capitaine de West-Flandres,
a reçu de Guillaume d'Enfernet, trésorier des
guerres, 425 livres tournois pour lui et 13 écuyers

servant à la garde du dit pays. — 26 avril 1377.

> (Sceau en cire rouge. Ecu à 3 fasces, brisé d'un écusson sur la 1re fasce. Heaume: cimier, une tête de crocodile. Supports, 2 lions. Légende brisée.)

631. — Andrieu de RAMBURES, chevalier, a reçu de Jehan Coquel, receveur de la province de Reims, 185 livres tournois pour lui et ses gens d'armes, servant en Picardie sous le sire de Coucy. — 8 janvier 1382.

> (Sceau en cire rouge, le même que ci-dessus, mais moins bien conservé.)

632. — Andrieu de RAMBURES, chevalier, capitaine de Boulogne, a reçu du même 174 livres tournois, etc... (comme ci dessus). — 24 mai 1383.

> (Sceau en cire rouge, le même qu'au n° 630.)

633. — Quittance du même à Jehan le Flament, trésorier des guerres, de 400 livres tournois pour lui, 1 chevalier et 12 écuyers servant à la garde de la Flandres, sous Mons. de Sempi. — 23 juin 1384.

> (Sceau en cire rouge. Le même qu'au n° 630, mais très-bien conservé. Légende : « Andrieu de Rambures, chlr. »

634. — Guillaume de RAMBURES, écuyer, a reçu de Guillaume d'Enfernet, trésorier des guerres, 60 livres tournois pour lui et 3 écuyers servant à la garde de Gravelines, sous Mons. de Rambures, capitaine général du pays de West-Flandres. — 27 juin 1387.

> (Sceau en cire rouge, bien conservé, mais grossièrement gravé. Ecu seul, à 3 fasces, brisé d'un écusson et d'un lambel en chef. Légende : « ... . ume de Rambures. »

635. — Quittance du même au même, de 105 livres tournois, etc.... (comme ci-dessus). — St.-Omer, 24 août 1387.

> (Même sceau que ci-dessus, mais beaucoup mieux conservé. Légende : « † S. *Willame de Rambures,* »)

636. — Trois quittances d'Andrieu, sire de RAMBURES, chevalier, capitaine de West-Flandres, à Guillaume d'Enfernet, trésorier des guerres, de 425 livres tournois, de 440 livres tournois, et de 85 francs d'or pour lui et 14 écuyers servant à la garde dudit pays. — 16 octobre 1388, 18 novembre 1388 et 7 mai 1389 [1].

> (Sceaux en cire rouge, les mêmes qu'au n° 630.)

637. — Thomas de RAMBURES, écuyer. (Montre de Hue du Mesnil, chevalier, du 1er octobre 1380.) [2]

638. — Andrieu de RAMBURES, écuyer. (Montre de Lancelot de Bières, chevalier, du 1er février 1378.) [3]

639. — Andrieu, sire de RAMBURES, chambellan du Roi, capitaine de Gravelines, a reçu d'Aubert le Fèvre, receveur du Ponthieu, 40 livres parisis sur les 80 livres qu'il prend annuellement sur la recette du Ponthieu. — 5 mai 1397.

> (Sceau en cire rouge. Ecu à 3 fasces, brisé d'un écusson sur la 1re fasce. Heaume : cimier, une tête de crocodile. Supports, deux lions accroupis. Légende : « *Andrieu, sire de Rambures.* Bien conservé.)

[1] Clairambault, vol. 93.
[2] Idem, vol. 74.
[3] Idem, vol. 22.

640. — Quittance d'André de RAMBURES, conseiller et chambellan du Roi, à Alexandre le Boursier, receveur des aides, de 400 francs pour huit mois de la pension que le Roi lui donne. — 27 janvier 1401.

RAMBURES.

(Même sceau que ci-dessus, moins bien conservé.)

641. — Quittance, du même au même, de 100 livres tournois pour 2 mois de sa pension. — 14 juin 1401.

(Sceau tout à fait écrasé.)

642. — David de RAMBURES, conseiller et chambellan du Roi, capitaine du château d'Airaines, a reçu de Pierre Sureau, receveur de Ponthieu, 53 livres 6 sols 8 deniers parisis, pour la pension qu'il prend sur la dite recette. — 11 décembre 1410.

(Sceau en cire rouge. Écu écartelé, au 1er et 4me 3 fasces, au 2me et 3me une bande. Heaume, cimier, une tête de crocodile. Légende en minuscules gothiques : « .... Rambures. »

643. — Trois envois du même, conseiller et chambellan du Roi, et maître des arbalétriers, à Marc Héron, trésorier des guerres, de plusieurs montres d'arbalètriers. — St.-Cloud, 1er août 1412, 20 juillet 1413, 25 juillet 1415.

(Très-grands sceaux en cire rouge ; tous les trois pareils. Ecu seul, écartelé au 1er et 4me 3 fasces, avec un écusson sur la première fasce ; au 2me et 3me une bande vairée. L'écu est surmonté d'une arbalète droite entre deux branches d'arbre, et accosté de deux autres branches. Légende brisée. Le contre-scel, qui n'est que la reproduction en petit du sceau, est entouré de cette légende en minuscules gothiques : « Scel de lofire de......... arbalest de Frãce »)

644. — Andrieu de RAMBURES, chevalier bachelier, a reçu de Colart de Beaurain, receveur de Ponthieu, 50 livres tournois pour lui, 7 écuyers et 4 archers à cheval de sa compagnie, servant à la suite du dauphin, sous Mons. de Montgommery. — 1er décembre 1416 [1].

> (Charmant sceau en cire rouge. Écu à 3 fasces, brisé en chef, à sénestre, d'un écu parti au 1er échiqueté, au 2me 2 fasces. Heaume : cimier, une tête de lévrier avec son collier entre 2 vols. Pas de supports. Le champ du sceau est couvert d'arabesques et de fleurs d'une finesse extrême. Légende en minuscules gothiques : « *Andrieu de Rambures.* »)

RÉLY.

645. — Guille de RELY, chevalier, a reçu de Renaut du Bois, maître des garnisons du Roi, 231 livres 19 sols 5 deniers tournois. — Calais, 1er juillet 1305.

> (Sceau en cire brune. Écu seul, à 3 chevrons et un lambel en chef. Légende illisible.)

646. — Guillaume de RELY, lieutenant des maréchaux de France, envoie à Jehan le Flament, trésorier des guerres, la montre d'Orenglois de Rely et 8 écuyers de sa compagnie, revue à Ardres le 1er février 1380.

(1) Clairambault, vol. 93.

Orenglois de Rely.	Jeh. Blanchant.
Guille de Rely.	Esteve Pouchin.
Le bastard de Rely.	Lancelot Pouchin.
Guille Danvin.	Le Brun Desqualles.

(Fragment d'un sceau en cire rouge. On distingue encore un chevalier debout, en armure, s'appuyant de la main droite sur sa lance et de la main gauche sur un écu à 3 chevrons et un lambel en chef.)

647. — La monst. de Guy de RELLY, escr̃ et cinq aut. escr̃s de sa comp. souffizment armez et montez, reveuz à Troyes, le vingt huitiesme jour daoust lan м. ccc quattre vins.

Led. Guy de Rely.	Jehan de Wingnacourt.
Guille de Relly.	Jehan du Plouich.
Henry de Chaumont.	Gillart de Houvent.

648. — Oranglois de RELY, chevalier, a reçu de Jehan le Flament, trésorier des guerres, 72 livres tournois pour lui, 1 chevalier et 8 écuyers, servant en Picardie sous Mons. de Sempi. — Arras, 1er février 1380 [1].

(Sceau en cire rouge, très-grossièrement gravé. Ecu seul à trois chevrons et un lambel en chef Légende brisée)

(1) Clairambault, vol. 94.

ROUAULT.

649. — Miles Rouault, chevalier, a reçu de Guillaume
d'Orgemont, écuyer, trésorier des guerres, 180 livres
tournois pour lui, 1 chevalier et 8 écuyers de sa
compagnie servant « ou présent voiage de Guienne »
sous le maréchal Boucicault. — Du siége de Monti-
gnac, 27 juillet 1398.

> (Sceau en cire rouge. Ecu à 3 léopards et une bor-
> dure dentelée. Heaume : cimier, une tête de
> Maure, de profil. Supports, 2 griffons. Légende
> brisée ; mal conservé.)

650. — Joachim Rouault, S^{gr} de Busmenard et de Gamaches, vicomte de Fronsac, conseiller et chambellan du Roi et maréchal de France, a reçu de Jehan
Briçonnet, receveur g^{al} des finances, 3,000 livres
tournois pour « son estat » et l'entretien de sa compagnie. — 31 décembre 1466 [1].   Joachim.

> (Sceau écrasé et indéchiffrable.)

ROUVROY.

651. — Gauthier de Rouvroy, écuyer. (Montre de Guillaume, bâtard de Poitiers, chevalier, du 1er septembre 1386.) [2]

(1) Clairambault, vol. 98.
(2) Idem, vol. 87.

ROYE.

652. — Mahieu de ROYE, « chevalier le Roy, » et maître des arbalétriers, envoie à Jehan de Lospital, clerc des arbalétriers, la montre de Pierre Mahieu. — 28 novembre 1346.

> (Sceau en cire rouge, entièrement brisé sauf l'écu qui porte une bande et un lambel en chef.)

653. — Mahieu de ROYE, chevalier, Sᵍʳ de Lannoy et maître des arbalétriers, fait savoir à Thomas Fouque, « garde du clos des galees de Rouen, » qu'il fasse réunir et mettre en état toutes les arbalètes qui sont au château de Rouen, et qu'il n'en délivre aucune, à personne, sous quelque prétexte que ce soit. — 2 mai 1347.

> (Sceau en cire rouge. Écu à une bande et un lambel en chef. Le heaume, entouré d'un mantelet, a pour cimier une hure de sanglier. Le champ du sceau est chargé de hachures croisées. Légende : « S. Ma..... Roye chr. »)

654. — Le même fait savoir aux clercs des arbalétriers que le cheval que montait Guérart de Quellerigue, dans la compagnie de Jacques de Combougne, est mort dans « ceste chevauchié. » — 26 septembre 1347.

> (Fragment de sceau en cire rouge, duquel se détache très-vigoureusement l'écu à une bande et un lambel.)

655. — Le même mande aux mêmes que Guillaume Douterel, écuyer, lui a rendu un cheval « fauve » de 26

14*

livres tournois « affolé » à la guerre. — Amiens, 4 octobre 1347.

656. — La monst. du seigneur de ROYE, chīr bachīlr, de deux aut. chīlrs bachīlrs et de sept escrs de son gou-vñemt qui aux gaig. du Roy ñres, fut receue à Hedin sous nouz, le xxv octob. mil CCC XLVII.

> Led. seigneur de Royc, cheval morel estclé.
> Le seigneur de Warfices, ch. gs. mousch.
> Le Borgne de Palliar, ch. morel estellé.
> Jeh. de Louvencourt, ch. fauve.
> Colart de Trachi, ch. bay cstellé.
> Pierre de le Vaigne, ch. morel maut.
> Buridan de Buyres, ch. bay.
> Mahiot du Plessier, ch. noir gs pomelé.
> Thiébaut de Bacouel, ch. bay.
> Robinet de Saint-Marc, cheval tout morel.

657. — Flament de ROYE, Sgr de Guivry, chevalier, a reçu de Robert de Guise, receveur gal en Vermandois, 33 livres 15 sols tournois pour 15 jours des gages de lui et 4 écuyers servant en Vermandois. — 30 octobre 1348.

658. — Mahieu de ROYE, chevalier, Sgr d'Aunoy en Normandie et capitaine « des gens darmes imposés ou dyoc. de Soyssons pour la defence du Roiaume » a reçu de Jehan de Guise, receveur du Vermandois,

700 francs d'or pour lui et sesdits gens d'armes. —
17 août 1364.

> (Sceau en cire rouge. Le même qu'au n° 653. Lé-
> gende : « *Scel.........* » Très-brisé sur les bords.)

659. — Jehan de ROYE, chevalier, a reçu de Jacques Renart, trésorier des guerres, 150 livres tournois pour
lui et 8 écuyers de sa chambre, servant en Champagne sous Loys de Saintré, maréchal de France,
contre les compagnies venues d'Allemagne. — 1er
mars 1375.

> (Sceau en cire rouge. Ecu chargé d'une bande et
> d'un lambel en chef. Heaume : cimier, une hure
> de sanglier. Légende : « .. *Jehan de Roye.* » Gra-
> vure très-grossière.)

660. — La reveue de Mess. Jehan de ROYE, chlr, un aut
chlr, huit escrs de sa comp., rev. à Arraz, le pmier
jour daoust lan M CCC quatre vins.

Ledit M. Jehan.	Jehan de Mery.
M. Yvain de Gouy.	Jehan de Neufmesnil.
Jacques de Lonrroy.	Jehan de Beaumont, dit le
Jehan de la Haie.	Lorrain.
Le bastard Dalleux.	Grignart de Matain.
Guillot de Villette.	

661. — Trois quittances du même à Jehan le Flament,
trésorier des guerres, de 72 livres tournois, 80 francs
d'or, 120 francs d'or pour 1 chevalier et 8 écuyers
servant en Flandres, sous l'amiral de France. —

Hesdin, 20 juillet 1380; Corbie, 4 août 1380; Hesdin, 10 juin 1383 [1].

> (Sceaux en cire rouge. Les deux premiers sont pareils au n° 659. Le troisième n'est que l'empreinte d'un très-petit anneau. Il porte seulement un écu a une bande.)

RUBEMPRÉ.

662. — Hue de Rubempré, écuyer, a reçu de Jehan Chauvel, trésorier des guerres, 20 livres 14 sols tournois pour lui et 2 écuyers de sa compagnie, servant en Poitou, sous Mons. de Hangest. — 15 janvier 1356.

> (Petit sceau en cire rouge. Écu seul, à trois jumelles, brisé d'un écusson en chef, et entouré immédiatement de la légende « † S. Hue de Rubempré » — Bien conservé, mais grossièrement gravé.)

663. — Bauduin de Rubempré, dit Courbet, chevalier, a reçu de Chrétien du Cange, receveur à Amiens, 84 livres parisis pour lui et 6 écuyers, devant aller au sacre du roi, sous Mons. d'Aubigny, chevalier. — 12 mai 1364 [2].

> (Fragment de sceau en cire rouge. Écu à trois jumelles, placé au centre d'une rosace gothique. Tout le reste est brisé.)

(1) Clairambault, vol. 97.
(2) Idem, vol. 99.

LA RUE.

664. — Pierre de LA RUE, écuyer, a reçu de Jehan de Pressy, trésorier des guerres, 247 livres 10 sols tournois pour lui, 9 écuyers et 13 archers de sa compagnie, servant sous le duc de Bourgogne « ou il plaira au roy. » — Donné sous le sceau de Jehan de la Viefville en l'absence du sien. — 12 mai 1412 [1].

(1) Clairambault, vol. 99.

𝕾.

———≈◇≈———

SAISSEVAL.

665. — Wille. de SAISSEVAL, du bailliage d'Amiens, a reçu de François de Lospital, clerc des arbalétriers, 4 livres tournois pour son service à la guerre. — Amiens, 19 septembre 1338 [1].

(Sceau en cire rouge, tout-à-fait effacé.)

═══════════

SARCUS.

666. — Hugues de SARCUS, écuyer, a reçu de Jehan Chauvel, trésorier des guerres, 102 sols tournois pour lui seul servant sous l'évêque de Beauvais, lieutenant du roi en Languedoc, Poitou et Saintonge. — 22 août 1345.

(Très-petit sceau en cire rouge. Écu seul, à une croix ancrée. Légende « † *Hug .. de Sarcus.* » — Gravure très-grossière.)

(1) Clarambault, vol. 100.

667. — Quittance du même au même, de 60 sols tournois, etc... (Comme ci-dessus). — Pons, 25 septembre 1345.

(Même sceau que ci-dessus).

668. — Frère Jehan de SARCUS, religieux, grand-prévôt nommé par le roi au gouvernement de l'église St-Lucien de Beauvais, a reçu du mayeur et des échevins d'Amiens, par les mains de Jehan de May « grand compteur de la dite ville » 20 livres parisis en déduction d'une somme de 53 livres 6 sols et 8 deniers parisis que ceux-ci devaient annuellement à ladite église. (La date manque) [1].

(Sceau en cire noire, très-brisé. On ne voit plus que l'écu qui porte un sautoir accompagné de quatre merlettes.)

SAINT-SAUFLIEU.

669. — Jaques de SAINT-SAUFLIEU, chevalier, a reçu de Guillaume de Gomor, clerc du roi, 125 livres 2 sols 5 deniers tournois pour son service en Flandres. — 23 septembre 1299.

(Très-petit sceau en cire brune. Écu seul, à une croix cantonnée de quatre croisettes. Légende effacée).

670. — La monst. de Mons. Herpin, sire de SAINT-SAULIEU, c͞hlr, et v es͞crs de sa comp., rec. à Amiens le XIIIIe

(1) Clairambault, vol. 101

jour daoust lan м CCCLII , sous le gouv. de Mons. le
roy de Navarre.

Led. chĩr, cheval tout bay.

Robt de Longueau , escr, ch. roux gs.

Floridas de Fricamps , ch. tout noir.

Drouet de Bascouel , ch. b. estele.

Jehñin de Vaux , ch. fauve jamb. noires.

Regnault Pourchel , ch. tout noir.

671. — Herpin , sire de SAINT-SAUFLIEU. chevalier, a reçu
de Ch. du Drach , receveur d'Amiens , 100 écus d'or
que le roi lui donne. — Amiens , 20 octobre 1354.

> (Charmant sceau en cire rouge. Écu à une croix can-
> tonnée de 16 croisettes, placé au centre d'une
> grande croix dont les extrémités sont arrondies.
> Heaume. Cimier , un soleil. Supports , deux lions
> assis , placés chacun dans un des bras de la croix.
> Légende : « *Herpin de Saint-Sauflieu...* »)

672. — Jehan de Saint-Sauflieu , chevalier, a reçu de
Jehan le Flament, trésorier des guerres , 60 francs
d'or pour lui , 1 chevalier et 2 écuyers de sa compagnie servant en Flandres , sous Mons. de Sempi.
— Amiens , 6 mai 1384 [1].

> (Fragment de sceau en cire rouge , tellement écrasé
> qu'à peine y distingue-t-on un écu chargé d'une
> croix pleine accompagnée de seize croisettes.)

(1) Clairambault , vol. 101

SAVEUSES.

673. — Symons de Saveuses, chevalier, sire d'Ailly, a reçu de Guillaume de Milly 133 livres 19 sols tournois pour le service qu'il a fait en Flandres. — Bruges, mardi 20 octobre 1299.

> (Sceau en cire brune. Ecu seul, à demi-brisé. Il porte un semé de billettes et une bande sur le tout.)

674. — Guillaume, sire de Saveuses, chevalier, a reçu de Nicolas Odde, trésorier des guerres, 28 livres tournois pour lui et les gens d'armes de sa compagnie, servant en Bourgogne, sous Mons. Raoul de Rainneval, pannetier de France. — Semur-en-Auxois, 2 mars 1367.

> (Sceau en cire rouge, tout-à-fait brisé. Il ne reste que l'écu qui porte une bande et 6 billettes.)

675. — Quittance du même au même de 240 livres tournois pour lui, 4 chevaliers et 6 écuyers, etc. (comme ci-dessus). — Troyes-en-Champagne, 8 juin 1368

> (Même sceau que ci-dessus. Aussi mal conservé.)

676. — La reveue de M. Guille. seigr de Saveuses, chlr, 11 aut. chlrs et sept escrs de sa comp. souffiz. armez et montez. reveuz à Hesdin le xixᵉ jour de juillet lan m. ccc quat. vins.

Led. M. Guille.	Jehan de Neuville.
M. Miclet de Saveuses.	Cordlier de Cahon.
M. Manesser de Coucy.	Pre de Cahon.
Jehans des Auteulx.	Camus le Prévost.
Eltor Grot.	Guille. de Hallion.

677. — Quittance du même à Jehan le Flament, trésorier des guerres, de 195 livres tournois pour lui, 2 chevaliers et 7 écuyers de sa compagnie, servant en Picardie sous Mons. de Coucy. Corbie, 4 août 1380.

> (Sceau en cire rouge. Ecu à une bande et 6 billettes. Heaume : cimier, une tête d'homme barbu, de profil. Supports, 2 lions assis. Légende brisée.)

678. — Quittance du même au même, de 136 livres tournois pour lui, 1 chevalier et 8 écuyers, servant en Flandres sous Mons. de Sempi. — 24 mars 1383.

> (Sceau en cire rouge, le même que ci-dessus. Légende : « S. Guillaume de Saveuses, chlr. » Bien conserve.)

679. — Le même a reçu de Mahieu de Linières, receveur pour la province de Reims, 44 francs d'or pour lui, 3 chevaliers et 3 écuyers de sa compagnie, servant en Picardie sous Mons. de Coucy. — Thérouanne, 2 novembre 1387.

> (Même sceau qu'au n° 677. Même conservation.)

680. — Morelet de Saveuses, chevalier, a reçu de Guillaume d'Enfernet, trésorier des guerres, 60 livres tournois pour lui bachelier et 2 écuyers de sa compagnie, servant en Picardie sous son père, Mgr de Saveuses, capitaine gal de Picardie. — 30 juillet 1387 [1].

> (Sceau en cire rouge. Ecu seul, à une bande et 6 billettes, brisé d'un écusson sur la bande. Légende illisible.)

[1] Clairambault, vol. 101.

SAINT-DELIS.

681. — Jehan de SAINT-DELYS, du bailliage d'Amiens, a reçu de François de Lospital, clerc des arbalétriers, 4 livres 16 sols tournois pour lui et 1 écuyer servant « en le derain ost » sous Jacques de Fricamps. — 27 octobre 1339 [1].

> (Sceau en cire brune. Ecu seul, à une barre chargée de 3 coquilles. Légende brisée.)

SAINT-SIMON.

682. — La reveue de Loys de Saint-Simon, escuier, et de XIV aultres escrs de sa comp., reveuz à............. le VIII⁰ jour de décembre M. CCCC XVIII [2].

Led. Loys de S. Simon.	Jehan de Brymeu.
Jehan de Estres.	Geuffroy de Lespine.
Jehan Thuret.	Guille Leurague.
Jehan de Belleval.	Guille Cherye.
Alain Romort.	Jamet Cherye.
Alain Chapelle.	Jaquet de Cahors.
Jehan Chaudet.	Guille Roussel.
Pierre Thuillot.	

(1) Clairambault, vol. 40.
(2) Cartons du Cab. des Titres.

SOREL.

683. — Guérart de SOREL, écuyer. (Montre de Amaury Pourcel, écuyer, du 1er août 1380) [1].

SOYECOURT.

684. — Pierre de SAUCOURT, du bailliage de Vermandois, a reçu de Guillaume de Milly 4 livres tournois pour le service qu'il a fait en Flandres. — Dimanche avant la St.-Remy, 1302.

> (Très-petit sceau en cire brune, tout à fait indéchiffrable.)

685. — Gilles de SOYECOURT, chevalier, conseiller du Roi et maître des requêtes de son hôtel, a reçu des trésoriers de l'aide pour la rançon du roi Jean, 80 francs pour un voyage fait par lui à Tournai. — Douai, 22 septembre 1368.

> (Sceau en cire rouge. Écu fretté. Heaume : cimier et légende brisés. Le champ du sceau est chargé de hachures croisées.)

686. — Franquelin de SAUCOURT, huissier de salle du Roi, a reçu des trésoriers de l'aide pour la rançon du roi Jean, 60 francs d'or à cause d'un voyage qu'il a fait pour le Roi en Angleterre. — Dimanche, 24 décembre 1368.

> (Pas de sceau.)

[1] Clairambault, vol. 89

687. — Fresneau de SAUCOURT, écuyer, a reçu de Jehan Chauvel, trésorier des guerres, ... pour lui, 15 écuyers, 3 archers à cheval et 6 arbalétriers de sa compagnie, servant sous le M^{al} d'Audeneham. — Pontorson............ (Pièce endommagée.)

> (Petit sceau en cire rouge. Écu seul, fretté, avec un canton chargé d'une étoile. Il est posé sur une rosace très-simple. Légende illisible. Assez bien conservé et d'un joli relief.)

688. — La monst. de mess. Hue, seigneur de SAUCOURT, chĩr, un aut. chĩr et huit esc̃rs de sa compaignie, receuz à Abbeville le tierz jour de juillet, l'an M. CCC quat. vins.

Led. mess. Hue.	Guille de Mesnières.
M. le Galoys de Warignies.	Jacob de Cheymont.
Raoul de Bequignies.	Guille de Maleflance.
Jehan Morel.	Tassart de Burevilles.
Desrame de Famechon.	Jehan de Houdambert.

689. — Hue, S^{gr} de SAUCOURT, chevalier, a reçu de Jehan le Flament, trésorier des guerres, 120 francs d'or pour lui, 1 chevalier et 4 écuyers de sa compagnie, servant en Picardie sous Mons. de la Rivière, 1er chambellan du Roi. — Corbie, 4 août 1380.

> (Sceau en cire rouge. Écu fretté. Supports, 2 lions accroupis. Heaume : cimier, une tête de maure barbu, de profil. Légende brisée. Beau relief.)

690. — Charles de SAUCOURT, sire de Mouy, conseiller et chambellan du Roi, a reçu de Jacques l'Empereur, écuyer, échanson du Roi et garde de ses coffres, 50

livres tournois qui lui étaient dues pour un mois de
sa pension. — 31 septembre 1385.

> (Sceau en cire rouge. Ecu fretté. Heaume cerclé
> d'une couronne fleurdelysée. Cimier, une mître
> d'évêque. Supports, 2 lions accroupis. Légende :
> « S. *Guille de Saucourt.* » Très-beau relief ; bien
> conservé.)

691. — Charles de SOYECOURT, chevalier, chambellan du
Roi, capitaine de la ville et du château de Crécy, a
reçu de Jehan Fermele, receveur de Senlis, 50
livres 6 sols 8 deniers parisis pour ses gages de la
dite capitainerie. — 12 février 1411.

> (Sceau en cire rouge. Ecu fretté. Heaume : cimier,
> une mître d'évêque. Supports, 2 lions accroupis
> Légende : « *Charles. .... court.* »)

692. — François de SAUCOURT, porte-guidon de la compagnie de 50 lances de Mons. de Humières, a reçu
de Jacques Veau, trésorier des guerres, 200 livres
tournois pour un trimestre de ses gages. — 26 avril
1553 [1].

FRANÇOIS DE SAUCOURT.

(Pas de sceau)

(1) Clairambault, vol. 101.

𝕿.

TILLOY.

693. — Pierre de TILLOY, écuyer. (Montre de Hue du Mesnil, chevalier, du 1ᵉʳ septembre 1388.) [1].

TRIE.

694. — La monst. mess. Billebaut de TRYE et III escuiers de sa compaignie receue à Rouen le XVIII esme jour de juing lan M. CCC LV [2].

Led. chlr, cheval gris pomele mesle blanc.
Desguise de Milly, ch. morel estele piez blanz.
Jehan de Reux, ch. gris mouschete.
Perrinet de Godechart, ch. brun bay.

(1) Clairambault, vol. 74.
(2) Cartons du Cab. des Titres.

V.

VAULENCOURT.

695. — Guy de Vaulencourt et Mahieu de Vaulencourt, chevaliers, du bailliage d'Amiens, ont reçu de Guillaume de Milly, 70 livres tournois pour le service qu'eux et 4 écuyers de leur compagnie ont fait en Flandres. — Arras, jour de la St-Remy 1302[1].

(Sceau en cire brune, en mauvais état. Reste l'écu seul qui porte une bande et 6 croix.)

VAUDRICOURT.

696. — Jehan de Waudricourt, écuyer. (Montre de Hagant de Haganville, chevalier, du 1er septembre 1380)[2].

(1) Clairambault, vol. 110.
(2) Idem, vol. 57.

LE VER.

697. — Oudinet LE VER, chevalier. (Montre de Mahieu de Pomelain, écuyer, du 15 décembre 1369) [1].

LA VICOGNE.

698. — Jehans de le VISCONGNE, « sires dud. lieu et de Villeroye » a reçu de Charles du Drach, receveur du bailliage d'Amiens, 50 sols parisis sur la pension que le Roi lui donne « pour estre du conseil d'icellui sgr dans la baillie d'Amiens. » — Le jour de l'Ascension 1346.

> (Sceau en cire rouge. Ecu seul, portant un sautoir chargé de 5 besants et un lion passant en chef. Mal conservé.)

699. — Le même atteste qu'il a reçu de Jehan du Change, receveur du bailliage d'Amiens, 30 sols parisis pour ses gages. — 6 août 1338 [2].

> (Le même sceau que ci dessus, mais en cire noire. Aussi mal conservé.)

LA VIEFVILLE.

700. — Pierre, sire de la VIEUVILLE, chevalier, a reçu de Msr de Beaujeu, Mal de France, 27 livres tournois

(1) Clairambault, vol. 86.
(2) Idem, vol. 114.

pour lui et 7 écuyers de sa compagnie, servant sous ledit M^al. — 8 avril 1350.

(Sceau en cire rouge. Écu seul, fascé de 8 pièces à 3 annelets en chef. Légende brisée.)

701. — Monstre Jeh. de le VIEFVILLE, escr et II aut. escrs de sa cõpaignie rechus à Ardres, le XVIII° jour de may lan M. CCC LII.

Ledit Jehan, ch. noir griz.

Jeh. de Ham, ch. gris pomelé.

Wallet de Lannoy, ch. baillet brun.

702. — Cest la monstre de messire Sohier de le VIESVILLE, chlr, huit escuiers de sa compaignie, monstre à Ardre le pmier jour de janvier lan mil trois cents quattre vins.

Led. messire Sohier.	Gillet de Monchaut.
Warinet de Hen.	Le bastard de Ront.
Gillet le Noir.	Henry Dococh.
Le Borgnet du Rœnc.	Pret de le Capelle.
Groing de Northaut.	

703. — La monst. de mess. Jehan de la VIEZVILLE, chlr, et troys aut. escrs de sa cõpaig. souffizment montez et armez, receuz à Troyes le vingt quatriesme jour d'aoust lan mil CCC quatre vins.

Led. Mons. Jehan.	Symon Anguernon.
Wille Hustace de Wer-mercourt.	Jehan de Scin.

704. — Jehan de la VIEZVILLE, chevalier, a reçu de Jehan le Flament, trésorier des guerres, 75 francs d'or pour

lui et 3 écuyers servant dans sa compagnie, sous le duc de Bourgogne. — Galardon, 5 septembre 1380.

(Sceau en cire rouge. Écu seul, fascé de 8 pièces à 3 annelets en chef. Légende illisible. Gravure très-grossière.)

705. — La reveue de mess. Sohier de la VIEZVILLE, chlr et nuef escrs de sa compaignie, reveuz a Ardre le premier jour dottobre lan M. CCC IIII[xx].

Led. mess. Sohier.	Hennequin du Mêche.
Jehan de Rabodanges.	Jehan de Lianne.
Warinot de Hen.	Hennequin Wuiteheuze.
Jehan Grasset.	Henry Poimboro.
Thierry de Wide.	Haute de Nave.

706. — La reveue de mess. Pre dit le Mesgre de la VIEZVILLE, chlr, un aut. chlr et cinq escrs de sa comp., reveuz à Ardre, le pmier jour dottobre lan M. CCC IIII[xx].

Led. Mons. le Mesgre.	Le Borgnet de Ront.
Mess. Robert de Chapanes	Baudin de Noielle.
Flament de la Viezville.	Flament de Wisque.
Haymat Fondelequiere.	

707. — Sohier de la VIEZVILLE, chevalier, a reçu de Jehan le Flament, trésorier des guerres, 165 livres tournois pour lui et 9 écuyers de sa compagnie servant sous Mons. de Sempi. — Amiens, 20 octobre 1380.

(Sceau en cire rouge. Écu fascé de 8 pièces, à 3 annelets en chef. Heaume d'une très-belle forme. Cimier, une tête de bélier : le tout placé entre deux lignes perpendiculaires qui coupent le sceau de haut en bas. Légende : « Sohier. .... Viezville »)

708. — Pierre de la VIEZVILLE, dit le Maisgre, chevalier, a reçu de Jehan le Flament, trésorier des guerres, 65 francs d'or pour lui, 2 chevaliers et 7 écuyers, servant sous Mons. de Sempi. — Paris, 16 décembre 1380.

> (Sceau en cire rouge. Ecu seul, fascé de 8 pièces, à 3 annelets en chef, et chargé en cœur d'un écu à un lion passant. Tout le reste est brisé.)

709. — La monst. de mess. Andrieu, sire de la VIEZVILLE, chlr bachlr, un aut. chlr et 8 escrs de sa compaignie, receuz à Guyse en Thierasse, le xxvie jour de sept. lan mil ccc iiii ** et sept.

Led. m. Andrieu, chlr.	Fournier de Warnicamp.
M. de Mauchi, chlr.	Le bastard de Rely.
Rabache de Tannay.	Robert du Ron.
Bracquet.	Lionnet de Herssin.
Gillet de la Creuse.	Jehan de Han.

710. — Andrieu, sire de la VIEZVILLE, chevalier, a reçu de Guillaume d'Enfernet, trésorier des guerres, 270 livres tournois pour lui, 2 autres chevaliers et 8 écuyers servant dans le voyage de Brabant contre le duc de Gueldres, sous Guillaume de la Trémoille, capitaine de tous les gens d'armes au dit voyage. — Guise, 28 septembre 1387.

> (Sceau en cire rouge. Ecu seul, fascé de 8 pièces à 3 annelets en chef. Légende illisible. Mal conservé.)

711. — Jehan, Ser de la VIEZVILLE, chevalier, a reçu de Guillaume d'Enfernet, trésorier des guerres, 33

francs 15 sols tournois pour lui et 3 archers servant
dans le voyage que le Roi fait en Brabant pour se-
courir Madame de Brabant. — 4 octobre 1387 [1].

(Sceau effacé.)

712. — Mess. le Mesgre de la VIESVILLE, chevalier. (Montre
de Hue du Mesnil, chevalier, du 1er sept. 1388.) [2]

713. — Pierre, Sgr de la VIEZVILLE, chevalier bachelier,
a reçu de Jehan Chanteprime, 175 francs d'or pour
lui et 7 écuyers servant au présent voyage que le
connétable fait « devant la ville et le chastel de
Doure. » — Orléans, 29 avril 1393.

> (Charmant sceau en cire rouge, très bien conservé
> et très-finement gravé. Ecu fascé de 8 pièces, à
> 3 annelets en chef. Heaume : cimier, une tête de
> bélier. Légende : « S. Pierre de la Viesvile. »

714. — Pierre, seigneur de la VIEZVILE, chevalier, lieut.t
des Maux de France en Picardie, a reçu de Hémon
Raguier, trésorier des guerres, 86 livres tournois
pour ses gages de lieutenant et pour lui banneret, un
chevalier bachelier et 3 écuyers de sa compagnie,
servant à défendre Ardres. — 24 décembre 1413.

> (Très-beau sceau en cire rouge, bien conservé. Écu
> fascé de 8 pièces, à 3 annelets en chef. Le champ
> du sceau est semé de hachures croisées. Légende
> placée sur un ruban et commençant de gauche
> à droite ; elle est en minuscules gothiques :
> « S Pierre de la Vievile »)

[1] Clairambault, vol. 112.
[2] Idem, vol. 75.

715. — Pierre de la VIEVILLE, chevalier, S^{gr} dudit lieu, porte-guidon de la compagnie de 80 lances du duc de Vendôme, a reçu de Jacques Veau, conseiller du Roi et trésorier des guerres, 111 livres 13 sols 1 deniez tournois pour un trimestre de ses gages. — 28 avril 1552.

Pierre de la VIEUVILLE.

(Le sceau manque.)

716. — Quittance du même au même, de 190 livres tournois, etc..... (comme ci-dessus). — 23 juillet 1552.

Pierre de la VIEUVILLE.

(Le sceau manque.)

717. — Quittance en tout semblable à la précédente. — 27 juillet 1553 [1].

Pierre de la VIEUVILLE.

(Sceau plaqué, en cire rouge recouverte de papier. Écu seul et très-petit, portant 6 feuilles de houx, 3, 2 et 1.)

[1] Clairambault, vol 112.

W.

WAENCOURT.

718. — Jehan, sire de WAENCOURT, chevalier, a reçu de
Jehan le Flament, trésorier des guerres, 86 livres
10 sols tournois pour lui et 9 écuyers de sa compagnié
servant en Picardie, à la poursuite des Anglais, sous
Mons. de Sempi. — Amiens, 24 décembre 1380.

> (Sceau en cire rouge , très-mal conservé, sur lequel
> on ne distingue plus qu'un écu fretté.)

719. — Le même a reçu de Jehan Coquel, receveur de
Reims, 99 francs d'or pour lui et plusieurs écuyers
de sa compagnie qui ont suivi le Roi en Picardie,
sous Mons. de Sempi. — 25 décembre 1382.

> (Même sceau que ci-dessus , aussi mal conservé.

720. — Jehan de WAENCOURT, chevalier, a reçu de Marc
Héron , trésorier des guerres, 240 livres tournois
pour lui , 1 chevalier et 12 écuyers de sa compagnie,
servant au pays de Caux , dans la compagnie du Sé-

néchal de Hainaut, et sous Mons. d'Albret, Connétable. — Rouen, 29 octobre 1413 [1].

> (Sceau en cire rouge. Ecu fretté, brisé d'un petit
> ecusson en chef. Heaume : cimier, un demi-vol
> Supports, 2 lions accroupis. Légende enlevée.
> Très beau sceau.)

WARLUZEL.

721. — Morlet de WARLUZEL, écuyer, a reçu de Jehan de
Pressy, trésorier des guerres, 135 livres tournois
pour lui et 8 écuyers servant sous le duc de Bourgogne. — 10 mai 1412 [2].

> (Sceau en cire rouge. Écu seul, à une fasce et une
> bande fuselée sur le tout. Légende enlevée. Le
> tout est très-effacé.)

(1) Clairambault, vol, 109.
(2) Idem, vol. 109.

APPENDICE.

APPENDICE.

NOTA. — Les titres suivants, tous originaux, sont tirés du Cabinet du Gentilhomme Picard.

AILLY.

722. — Jehan d'AILLY, conseiller du duc d'Orléans, a reçu 45 livres 10 sols tournois pour différents voyages faits pour le dit duc en Champagne, Brie et Normandie. — 23 janvier 1393. (Quittance latine).

(Pas de sceau).

AISNE [1].

723. — Robert d'AISNE, Sᵍʳ de Béthencourt et de Beauvoir, gouverneur de Coucy pour le duc d'Orléans, a reçu du dit duc, par la main de Raoul Lescuier, son

[1] La véritable orthographe de ce nom est *Esne*.

receveur, 80 livres tournois pour ses gages d'une
année. — 18 juillet 1411.

(Le sceau manque.)

BEAUCORROY.

724. — Nicolas de BEAUCORROY, écuyer, capitaine pour le
duc d'Orléans de la ville de Crespy-en-Valois, a reçu
de Pierre Cordelle, receveur pour les comtés de
Valois et de Beaumont, 10 livres 13 sols 4 deniers
parisis qui lui étaient dus pour deux trimestres de
ses gages. — 7 février 1402.

(Fragment informe de sceau en cire rouge.)

BELLANGREVILLE.

725. — Joachim de BELLENGREVILLE, chevalier, Sᵍʳ de
Neufville, Gambetz, Mezy et Bouvincourt, conseiller du roi, prévôt de son hôtel et grand prévôt de
France, a reçu de Jehan de la Boissière, trésorier et
payeur de ladite prévoté, 1,500 livres pour un trimestre de ses gages de grand prévôt. — 29 juin 1605.

DE BELLENGREVILLE.
(Le sceau manque)

726. — Deux quittances du même, de 1,379 livres, et de
1,800 livres, du 16 janvier 1607, et du 8 décembre
1608, semblables à la précédente.

Signées : DE BELLENGREVILLE.
(Les sceaux manquent.)

BELLEVAL.

727. — Jehan, régent de France, duc de Bedford, mande
à Hémon de BELLEVAL, écuyer, gouverneur général
des finances en France et en Normandie, qu'il fasse
payer par Pierre Surreau, receveur g^{al} des finances,
à Guillaume Balte, son serviteur, « cinquante-huit
sols esterlins monoie d'Angleterre et soixante francs
en livres tournois, monoie française, » qui lui sont
dus. — Caen, 17 janvier 1423.

728. — François de BELLEVAL, maréchal-des-logis de la
compagnie de 50 lances des ordonnances du roi,
commandée par Mons. de Rubempré, a reçu de
Claude du Lyon, sieur de Passat, trésorier des
guerres, 37 livres 10 sols tournois pour un trimestre
de ses gages. — 26 janvier 1563.   DE BELLEVAL.

> (Sceau plaqué en cire rouge, recouvert de papier. Ecu
> seul, semé de croisettes à une fasce sur le tout. Pas
> de légende.)

729. — Rogues de BELLEVAL, écuyer, S^{gr} d'Esailler et de
Bailleul en partie, écuyer d'écurie du roi et lieutenant de la ville de Beauvais, déclare avoir reçu ses
gages du bailli de Senlis. — 16 juin 1440.

> (Le sceau manque.)

BRAQUEMONT.

730. — Lyonnet de BRAQUEMONT, écuyer pannetier du duc
d'Orléans, a reçu de Jehan Poulain, trésorier du duc,

60 francs que ledit duc lui donne en considération de ses bons services. — Samedi 4 août 1397.

(Sceau enlevé).

731. — Ordre de Louis, duc d'Orléans, à Jehan Poulain, son trésorier, de payer à ses chevaliers et chambellans, messire Braquet de Braquemont, 1,000 livres, messire Regnier Pot, 4,000 livres, messire Jehan de Trie, 4,000 livres, et messire Karados des Quesnes, 600 livres. — 12 octobre 1393.

BRIMEU.

732. — David de BRIMEU, S^{gr} de Ligny, chevalier, conseiller et chambellan du duc de Bourgogne, a reçu 26 livres 13 sols 4 deniers tournois sur la pension de 32 livres que le duc lui donne. — 4 juillet 1429.

David de BRIMEU.

(Le sceau manque.)

.CAMBRAY.

733. — Ordre donné par Jehan le Flament, conseiller du roi et du duc d'Orléans, à Jehan Poulain, trésorier g^{al} dudit duc, de payer 200 livres tournois à messire Fraalin de CAMBRAY, chambellan du duc d'Orléans.— 28 avril 1403.

CRÉQUY.

734. — Jehan de CRÉQUY, chevalier, S^{gr} du dit lieu, Moreuil, Mareuil, Douriez, prince de Poix, conseiller et chambellan du roi et capitaine de 50 lances des ordonnances, a reçu de Guy de la Maladiere, trésorier des guerres, 250 livres tournois pour un trimestre de ses gages de capitaine. — 25 octobre 1545.

Jehan de CRÉQUY.

(Sceau brisé.)

735. — Jehan de CRÉQUY, S^{gr} de Canaples, chevalier de l'ordre du roi, a reçu de Jehan Duval, trésorier de l'épargne, 4,000 livres tournois pour la pension que le roi lui donne. — 15 mars 1539.

CRÉQUY.

(Le sceau manque.)

DONQUERRE.

736. — Mandement de Hue, sire de DONQUERRE, chevalier, chambellan du roi et bailli du roi, au vicomte de Pont-de-l'Arche, touchant certaines amendes perçues par le sergent de Vauvray. — Pont-de-l'Arche. (Sans date).

DONQUERRE.

(Pas de sceau).

ESSARS.

737. — Philippe des Essars, maître d'hôtel du Roi, a reçu de Jacques Hémon, receveur général des aides pour la guerre, 300 francs d'or que le Roi lui donne. — — 30 janvier 1391.

(Le sceau manque.)

ESTOURMEL.

738. — Charles d'Estourmel, sieur de Plainville, capitaine des gardes-du-corps du Roi, a reçu du trésorier de l'épargne 1,500 livres pour un quartier de la pension que le Roi lui donne. — 11 octobre 1614.

Charles d'Estourmel Plainville.

FAY.

739. — Frère Jehan de Fay, chevalier de l'ordre de St.-Jean de Jérusalem, commandeur de Beauvoir, a reçu de Jehan Aubert, receveur en Ponthieu, 25 livres parisis et 4 muids de blé qui lui étaient dus, à cause de sa commanderie, par le chapitre des aumônes d'Abbeville. — 25 novembre 1450.

J. de Fay.

(Sceau enlevé.)

FAYEL.

740. — Guillaume de FAYEL, dit le Bègue, chevalier, chambellan du duc d'Orléans, a reçu de Godefroy le Fevre, valet de chambre du duc, 200 francs que le dit duc lui donne en considération de ses bons services. — 10 septembre 1395.

Le Bègue de FAIEL.

(Sceau en cire rouge. Écu seul, écartelé, au 1er et 4me un sautoir cantonné de 4 merlettes ; au 2me et 3me un semé de fleurs de lys. Il est accosté de 2 chiens assis et soutenu par une femme placée derrière lui. Légende brisée,)

FOLLEVILLE.

741. — Guillaume de FOLEVILLE, chevalier, chambellan du duc d'Orléans, a reçu de Jehan Poulain, trésorier, 200 francs que le dit duc lui donne en considération de ses bons services. — 18 juillet 1397.

(Le sceau manque.)

FONTAINES.

742. — Ordre de Jehan le Flament, conseiller du Roi et du duc d'Orléans, de payer à messire Enguerran de FONTAINES, chambellan du duc d'Orléans, 200 livres tournois que le dit seigneur lui donne. — 23 septembre 1403.

FRICHES.

743. — Pierre des FRICHES, procureur au Parlement et procureur du duc d'Orléans, a reçu d'Aignan Viole, conseiller du duc, 15 livres tournois pour sa pension. — 28 février 1443.

P. DES FRICHES.

(Pas de sceau)

GOURLE.

744. — Jehan GOURLE, écuyer, lieutenant de Mons. le chatelain du Gard et du Titre, certifie que trois journaux et trois quartiers de bois ont été vendus par Antoine de Hardenthun, lieutenant du Maître des eaux et forêts, à Loys Douzniel, pour 60 sols parisis par chaque journal. — 8 mars 1467.

Jeh. GOURLE.

(Pas de sceau.)

745. — Nicolas GOURLE, écuyer, chatelain du Gard et du Titre pour le duc de Bourgogne, a reçu de Jehan du Lo, dit le Gaigneur, conseiller du duc, 20 livres parisis sur ses gages annuels de chatelain, qui sont de 40 livres. — 12 septembre 1476.

Colnet GOURLE.

(Pas de sceau.)

746. — Le même certifie qu'il n'est point venu, à sa cha-

tellenie, d'habitants de la garenne de Thormort (*sic*)
et que Jehan du Lo, dit le Gaigneur, receveur en
Ponthieu, n'a reçu aucune amende au profit du duc
de Bourgogne. — 5 janvier 1476.

Colnet Gourle.

(Pas de sceau.)

LA BOISSIÈRE.

747. — La reveue de Guille. de la Boissière dit Prigny,
escuier, de II chlrs bachlrs et de nuef autres escuiers
de sa compagnie, receue à Castillon le VIe jour de
juillet lan mil ccc IIII ˣˣ et sis.

Led. Guillaume.	Robin du Plessis.
Messire Regnault de Mont-	Pre le Bouteiller.
ferrant. ·	Salmon Puteilh.
Messire Jehan du Boure.	Gervaise Prieur.
Jehan de la Viezville.	Alain de la Nœ.
Gillet Gomer.	Marot de Rochetailhade.

748. — Deux autres montres, tout-à-fait semblables à la
précédente, de St-Jean-d'Angely, 1er février 1387,
et de La Rochelle, 15 octobre 1387.

LE BOUTEILLER.

749. — Geoffroy le Botellier, « maistre de la garde de Chaumontoys » a reçu de Louis de Cepoy, receveur du duché d'Orléans, 20 livres 15 sols tournois qui lui étaient dûs pour ses gages. — Mercredi 1er juillet 1393.

> (Joli sceau en cire rouge, très-bien conservé. Écu seul, écartelé. Légende : « ✝ S. Geoffroy le Bou-tellier. »)

LA FONTAINE.

750. — Par devant Fremin de Cambrésis, bourgeois d'Abbeville et garde du scel royal en Ponthieu, Pierre de la Fontaine, valet de chambre du duc d'Orléans, confesse avoir reçu de Godefroy le Fèvre, comme lui valet de chambre dudit seigneur, 50 francs que le duc lui donne. — 20 mai 1393.

> (Le sceau manque.)

LONGROY.

751. — Thomas de Lonroy, écuyer. (Montre de Jaquet de la Mattre, écuyer, du 22 mai 1375.)

MAILLY.

752. — Jehan de MAILLY, doyen de St-Germain-l'Auxerrois, conseiller et maître des requêtes de l'hôtel du Roi, député par le duc de Bedfort, avec plusieurs autres pour assister à l'échiquier de Normandie, a reçu de Pierre Surreau, receveur g^{al} des finances en Normandie, 75 livres tournois pour ses gages. — 8 octobre 1424.   DE MAILLY.

(Pas de Sceau)

MIRAUMONT.

753. — Jehan de MIRAUMONT, chevalier, chambellan du duc d'Orléans, a reçu de Godefroy le Fèvre, valet de chambre dudit seigneur, 100 livres tournois que le duc lui donne pour ses bons services.—14 novembre 1394.

> (Sceau en cire rouge. Ecu à trois tourteaux. Heaume cerclé d'une couronne à trois fleurons et surmonté de deux cornes. Le champ du sceau est chargé de hachures très-fortes. Légende : « *Jeh. de Mir.....* » Très-beau relief)

MONSURES.

754. — Marguerite de Monsures, abbesse de Notre-Dame du Trésor, ordre de Citeaux, a reçu du Roi, par les mains de Denis de la Planche, receveur de Mantes

et Meulan, 40 livres parisis qu'elle avait le droit de prendre chaque année sur la recette de Meulan. — 24 décembre 1502,

M. DE MONSURES, abbesse du Trésor.

(Pas de sceau.)

755. — Jehan de MONSSURES, chevalier, S^{gr} de Morviller, chambellan du duc d'Orléans, a reçu de Jehan Poulain, trésorier du Duc, 100 livres tournois que le duc lui donne. — 7 février 1397.

(Le sceau manque).

MONTCAVREL.

756. — Jehan, seigneur de MONTCAVREL, chevalier, chambellan du duc d'Orléans, a reçu de Jehan Poulain, trésorier dudit seigneur, 200 francs que le duc lui donne. — Mercredi 15 mars 1393.

(Sceau en cire rouge. Écu à 3 quintefeuilles et un chef. Heaume: cimier, une tête d'homme barbu, de profil. Tout le reste est brisé. Très-beau relief.)

POIX.

757. — Pierre de POIX, dit le Baudrin, chevalier, a reçu de Guillaume le Moine, receveur d'Orléans, 20 livres parisis qui lui étaient dues, sur une rente de 40 livres à prendre sur ladite recette, comme époux de

Jeanne de Beaumont, fille de Louis de Beaumont.—
16 mars 1400.

> (Fragment de sceau, sur lequel on distingue à
> peine un chevalier en armure, s'appuyant de la
> main droite sur sa lance, et tenant de la main
> gauche un écu chargé d'une bande et de 7 croix
> recroisetées. Légende brisée.)

DES QUESNES.

758. — Suriau DES QUESNES, chevalier, chambellan du
duc d'Orléans, a reçu de Jehan Poulain, trésorier
dudit seigneur, 60 livres tournois sur une pension
annuelle de 300 livres tournois. — Dimanche, 17
juin 1397.

> (Le sceau manque)

759. — Ordre donné par Louis, duc d'Orléans, à son trésorier, Jehan Poulain, de payer 60 francs à Karados
DES QUESNES, chevalier, son chambellan, et 30 francs
à Foulques d'Auquetonville, son secrétaire. — Paris,
24 décembre 1392.

760. — Suriau DES QUESNES, chevalier, chambellan du
duc d'Orléans, a reçu de Jehan Poulain, trésorier
dudit seigneur, 80 livres tournois sur une pension
annuelle de 300 livres. — 5 février 1397.

> (Fragment informe de sceau en cire rouge).

QUIÉRET.

761. — Jehan Quiéret, écuyer du duc d'Orléans, confesse avoir reçu de Godefroy le Fèvre, valet de chambre et garde des coffres dudit seigneur, 20 écus d'or à la couronne que le duc lui donne.— 12 septembre 1397.

(Le sceau manque.)

QUINQUEMPOIX.

762 — Regnault de Quiquampoit, chevalier, chambellan du duc d'Orléans, a reçu de Jehan Poulain, trésorier général, la somme de 100 francs que le duc lui donne en considération de ses « bons et agréables services ». — 17 décembre 1397.   Quiquempois.

(Très-joli sceau en cire rouge, beau relief. Écu à cinq tours, 2, 2 et 1, et un lambel en chef. Heaume cerclé d'une couronne fleurdelysée, et sommé d'une tête de cicogne dans un vol banneret. Supports, deux lions assis. Légende : « Regnaut de . ...anpois. »)

RENTY.

763. — Guiot de Renti, écuyer, seigneur de Montigny-le-Ganelon, chambellan du duc d'Orléans, reçoit de Jehan Mahy, receveur du duc, 200 livres tournois pour sa pension. — 31 mai 14... (Déchiré).

(Pas de sceau).

SAINT-SOUPLIX.

764. — Ponthus de St-Suplix, homme d'armes. (Montre du sénéchal d'Agénais, de 37 hommes d'armes et 80 archers, du 24 mai 1501).

TRIE.

765. — Jehan de Trie, chevalier, capitaine de Beaumont-sur-Oise et maréchal du duc d'Orléans, a reçu dudit seigneur, par les mains de Pierre Cordelle, receveur dans les comtés de Valois et de Beaumont, 32 livres parisis pour les gages de sa capitainerie. — 26 février 1393.

(Fragment informe de sceau en cire rouge.)

766. — Quittance du même au même, en tout pareille à la précédente, du 23 janvier 1393.

(Fragment de sceau en cire rouge. L'écu est brisé. On ne voit plus que le heaume qui a pour cimier une tête d'homme, avec une longue barbe et de longs cheveux, placée de profil. Supports, deux lions.)

767. Quittance du même au même, de 24 livres 14 sols 4 deniers parisis, etc... (Comme ci-dessus). — 30 juin 1393.

(Sceau pareil au précédent, seulement l'écu est conservé, on y distingue à peine une barre chargée de trois annelets.)

YVART.

768. — Gérardin YVART, sergent de la forêt de Crécy, a reçu de Jehan de Tenremonde, dit le Bègue, conseiller du duc de Bourgogne, et son receveur g^{al} en Ponthieu, 12 livres 3 sols 4 deniers parisis, pour les gages de sa sergenterie. — 14 juillet 1462.

(Pièce signée par A. de Hardenthun, sieur de Guigny et de la Motte, lieutenant général du maître des eaux et forêts de Picardie.)

FIN.

TABLE ALPHABÉTIQUE

DES NOMS

CONTENUS DANS CET OUVRAGE

Nota.— Les numéros sont ceux des pièces où les noms sont cités.

A.

17.

B

C.

D.

E

F.

G.

H.

M.

N.

Nave. — 705.

Nédonchel. — 421.

Neue. — 510.

Neufménil. — 660.

Neufville. — 76, 130, 555, 579, 581, 617, 619, 676.

Nibas. — 115, 401.

Noirmaisier. — 236.

Northaut. — 258, 702.

Nouet. — 507.

Noyelles. — 100, 237, 557, 503, 706.

O.

Occoche. — 558, 702.

Offay. — 48.

Ognies. — 195, 559-561.

P.

Paillart. — 126, 180, 656.

Palette. — 579.

Parc (Du). -- 505.

Parent. — 510.

Pas. — 619.

Pelene. — 338.

Péron (Du). — 618.

Péronne. — 151.

Picquet. — 563-565.

Picquigny. — 400, 566-571.

Pied de Loup. — 617.

Pinchefalize. — 1.

Pire (Du). — 488.

Pisseleu. — 48, 290.

Planques (Des). — 33

Platel. — 142, 258.

Plessier. — 656.

Plessis (Du). — 747.

Plois. — 238, 244.

Plouy (Du). — 547, 550, 617, 647.

Poimbaro. — 705.

Poitevin. — 166.

Poix — 290, 572-578, 757.

Poncin. — 460.

Ponichoy. — 213.

Pont (Du) — 144.

Pont-Lévèque. — 237.

Pont-Remy. — 76, 109, 579-581.

Port (Du). — 166, 258.

Portes. — 237, 238.

Postel. — 615.

V.

W.

www.ingramcontent.com/pod-product-compliance
Lightning Source LLC
Chambersburg PA
CBHW070803270326
41927CB00010B/2270